GEORG MARKUS

Wiener G'schichten

Die besten Anekdoten zum Nachlesen

Mit einem Vor- und einem Nachwort von Fritz Muliar

UEBERREUTER

Die Deutsche Bibliothek – CIP-Einheitsaufnahme

Wiener G'schichten: die besten Anekdoten zum Nachlesen /
Georg Markus. – Wien : Ueberreuter, 1992
ISBN 3-8000-3459-X
NE: Markus, Georg

AU 235/**2**

Umschlag von Beate Dorfinger,
unter Verwendung eines Fotos von Paul Schirnhofer

Gesamtherstellung: Carl Ueberreuter Druckerei Ges. m. b. H.,
Korneuburg
Printed in Austria

Inhalt

Vorwort von Fritz Muliar

Ein Künstler sollte nur das machen, was eine Kunst ist. So sagte Karl der Große (Farkas) einmal zu einer unbegabten Kollegin. Ich habe mich nicht immer an die Ratschläge von Mister Wollzeil (so wurde Farkas oft in den Zeitungen genannt) gehalten, aber heute will ich es tun. Man will, daß ich ein Vorwort für dieses neueste Georg-Markus-Buch beisteuere. Gut! In vier Stunden hebt meine AUA-Maschine nach Berlin ab. Gut! Morgen habe ich in Berlin Probe – den ganzen Tag. Gut! Übermorgen auch. Gut! Und dann ist tags darauf »Sibirien«-Premiere im Theater am Schloßpark. Gut! Ich spiele dieses Stück von Felix Mitterer. Hoffentlich auch gut! Und just an dem Tag, da dort die Premiere ist, will der Verlag das »Vorwort«. Weniger gut! Also muß ich es jetzt, hier und gleich verfassen. Schlecht! Da kommt mir eine Idee: Alle, die ein Vorwort schreiben, lesen das Werk, das sie be*für*- respektive be*vor*worten sollen, gründlich durch und schreiben dann Informiertes, Witziges, Kluges nieder. Anders ich – der Terminebezwinger. Ich beschließe also (und das ist die Kunst!) ein Vorwort zu einem Buch zu schreiben, das ich nur so ein bissel durchgeblättert hab, und – ja, ich gestehe es – ich hab nachgeschaut, ob und wie oft ich in diesem Buch vorkomme. Ich komme vor. Gut. Sehr gut! Und nachdem alle Bücher, in denen ich vorkomme, gut, glänzend, ja oft hervorragend sind – Sie verstehen? Also schreib ich ein Vorwort, bin sogar schon dabei, was heißt dabei – mittendrin.

Lieber, verehrter Leser! Dieses neueste Werk des Wiener Autors Georg Markus ist eine Fundgrube. Altes und Neues, Bekanntes und Unbekanntes wird erzählt und pointenreich geschildert. Georg Markus, ein Meister der schnellen Feder und des leichten, lockeren Erzählens, hat sich umgehört, gesammelt, ja geradezu gehamstert. Die Wiener seiner Wiener G'schichten, ob sie nun Bürger oder »Adelige«, Schauspieler oder Musiker sind, stehen plastisch und zum Angreifen nahe vor uns. Der Autor erzählt über alle, die wir geliebt haben und lieben, über die, die uns verließen, und die, die noch bei uns sind. Ein lesenswertes, liebenswürdiges Schmunzelbuch für die Zeit vor dem Einschlafen – nein, so geht es nicht!

Ich telefoniere mit Georg Markus, und wir plaudern zehn Minuten. Dann weiß ich alles: Es ist Aufgeschnapptes, Hinerzähltes, Geflüstertes. Nicht bösartig, sondern liebenswürdig erzählt – sehr wienerisch, sehr österreichisch. Geschichten sind's, die nur in Wien passieren können und passiert sind.

Jetzt bin ich selber neugierig geworden und werde, so wie Sie, das Buch lesen. Wenn ich aus Berlin zurückkomme, wenn ich ein bissel Zeit habe. Wenn ich – nein, ich werde sie mir nehmen, die Zeit, denn ich lache gerne, ich erinnere mich gerne, ich fühl mich gerne wohl beim Lesen.

Ich kann ja, wenn's dann soweit ist, ein Nachwort schreiben. Jetzt aber bin ich zuerst einmal neugierig.

Wiener
Schauspieler-G'schichten

»Wie fangt's an?« fragte der Moser

Was sind Wiener G'schichten? Wiener G'schichten sind Episoden, die sich nur in dieser Stadt ereignen können, die mit dem Wesen ihrer Bewohner untrennbar verbunden sind. Der für Wien spezifische Humor, die Mischung aus Lebensfreude und Schwermut, ließ eine Vielzahl an G'schichten entstehen. Wiener G'schichten sind Anekdoten aus der Geschichte dieser Stadt. Am besten, ich erzähl Ihnen gleich eine. Eine, in der Hans Moser die Hauptrolle spielt. Und wer ist schon wienerischer als er?

*

Kein Wienerlied hat Moser so oft gesungen wie »Die Reblaus«. Und das, obwohl er es gar nicht leiden konnte. »Warum soll ich denn im früheren Leben eine Reblaus gewesen sein und, wenn ich stirb, wieder eine Reblaus werden wollen?« sagte er, wann immer er gebeten wurde, »Die Reblaus« vorzutragen. Doch meist kam Moser dem Drängen des Publikums nicht aus, so auch eines Abends in den fünfziger Jahren, als er im Heurigenkeller des »Reblaus«-Komponisten Karl Föderl in der Ottakringer Veronikagasse saß. Die Gäste des Lokals bestürmten ihn: »Moser, die Reblaus! Bitte Herr Moser, die Reblaus!«
Also gut, Föderl greift zur Ziehharmonika, Moser will die erste Zeile singen – er hat sie vergessen. Dabei hat er das Lied, seit er es im Film »Sieben Jahre Pech« erst-

mals interpretierte, schon Hunderte Male gesungen. Moser beugt sich zu Föderl und fragt: »Wie fangt's an?«

»I weiß net«, sagt Föderl, während er die ersten Töne der Melodie spielt.

»Na, wie's anfangt, will i wissen!«

»I weiß net!«

»Karl, du mußt es doch wissen . . .« Und jetzt erst fällt Moser der Beginn des Liedes ein:

»I weiß net, was das is, i trink so gern ein Flascherl Wein . . .«

*

»Ein Flascherl Wein« mußten Moser und sein Filmpartner Paul Hörbiger oft gemeinsam trinken. Paul Hörbiger hat mir einmal verraten, was er und Moser – wenn sie, wie so oft, beim Heurigen drehten – »im Glasl« hatten: »Echter Wein war natürlich undenkbar, weil wir nach der dritten Einstellung b'soffen gewesen wären. Also hat der Hans immer Apfelsaft getrunken und ich ungesüßten Tee, weil man da keine pickigen Finger bekommt.«

*

In einer Szene des Films »Hallo, Dienstmann!« unternehmen die »Dienstmänner« Moser und Hörbiger den Versuch, einen schweren Koffer die Stiegen hinaufzuschleppen. Fragt Hörbiger, laut Drehbuch: »Sag Kollege, wo is denn so a Koffer besser zum Tragen – vorn oder hinten?« Darauf Moser: »Na hinten natürlich, da is er ja leichter.« Da fällt Hörbiger, während die Kamera läuft, ein Satz ein, der nicht im Drehbuch steht: »Na, weißt was, Kollege, dann nehm ma ihn doch beide hinten.«

Die Szene blieb im Film.

»I bin die Schwester von der Werbezirk«

Durch Wiens Nachtleben streunte dereinst – es muß in den zwanziger Jahren gewesen sein – eine berühmt-berüchtigte Bettlerin, die ihren hohen Bekanntheitsgrad und die damit verbundenen relativ üppigen Einnahmen vor allem dem Umstand verdankte, daß sie jedes ihrer Opfer mit den Worten ansprach: »Geben S' ma a Kleinigkeit, i bin nämlich die Schwester von der Werbezirk!«

Nun zählte besagte Gisela Werbezirk zu Wiens populärsten Schauspielerinnen, und man kann sich vorstellen, daß ihr diese Art von »Reklame« keineswegs angenehm war. Eines Abends, nach einer umjubelten Vorstellung – sie spielte mit Hans Moser in dem Einakter »Frau Pick in Audienz« – saß die beliebte Komödiantin mit Freunden und Kollegen in einem Theatercafé, als die Bettlerin ebendieses Lokal betrat. Endlich sollten die beiden »Schwestern« einander begegnen. Die Bettlerin ging schnurstracks auf Gisela Werbezirk, die sie gar nicht erkannt hatte, zu und flehte wie immer: »Ge-

ben S' ma a Kleinigkeit, gnä' Frau. I bin nämlich die Schwester von der Werbezirk!«
Gisela Werbezirk verzog keine Miene, öffnete ihre Geldtasche und sagte: »Da haben S' zehn Schilling. Aber ab sofort sind Sie die Schwester von der Jeritza!«

Wie Maria Jeritza, die »Primadonna assoluta« der Wiener Staatsoper, darauf reagierte, ist leider nicht überliefert.

Kortner lebt!

Der große Schauspieler und Regisseur Fritz Kortner wurde eines Tages auf dem Schwarzenbergplatz von einer älteren Frau stürmisch begrüßt: »Servas, Fritzl, mir haben uns ja scho ewig net g'sehn, wie geht's dir denn?«
Kortner, längst in Ehren ergraut, kam die Dame zwar bekannt vor, doch konnte er sich beim besten Willen nicht entsinnen, wann und wo er ihr begegnet war. Glücklicherweise lieferte sie gleich die Erklärung: »Fritzl, erinnerst dich, wie du noch im ›Grünen Kakadu‹ g'wohnt hast?«
Tatsächlich, aus Kortners Erinnerung stieg ein »dunkler Punkt« auf, hatte er doch als blutjunger, mittelloser Schauspieler einige Monate in einem billigen Stundenhotel am Wiener Stadtrand gewohnt. »Und dort«, gestand jetzt das ältliche Fräulein, »hab i damals gearbeitet. I bin die Fifi.«

Jetzt erkannte Kortner das einst so flotte Freudenmädchen, an dem die Jahrzehnte nicht spurlos vorübergegangen waren. »Ja, die Fifi, natürlich«, sagte er, und weil er auf diese Situation so ganz und gar nicht vorbereitet war, stellte er jetzt die vielleicht nicht ganz passende Frage: »Und was, Fifi, machen Sie heut' so? Ich mein beruflich?«
Fifis Antwort kam wie aus der Pistole geschossen: »Ich bin die Klofrau vom Hotel Imperial.« Und nach einer kurzen Pause: »Da ist ma halt doch noch ein bisserl dabei!«

*

In seiner Berliner Zeit wurde Kortner von einem deutschen Kollegen angesprochen: »Wie ist denn das mit eurem ›goldenen Wiener Herzen‹? Im Grunde seid ihr Wiener doch recht bösartig!« Kortner blieb ruhig und sagte nur: »Wir machen halt aus unserer Mördergrube ein Herz!«

*

Den Unterschied der Charaktere deutet auch eine andere Episode an: »Na«, fragte ein Wiener einen Berliner, »habt's ihr auch so hohe Berge wie wir in Österreich?«
»Nee«, antwortete der Berliner, »aber wenn wir welche hätten, wären sie noch viel höher.«

*

Fritz Kortner, als er nach einer Wiener »Burg«-Vorstellung gefragt wurde, wie sie ihm gefallen habe: »Also, Theater gespielt wird überall schlecht. Aber am Burgtheater sind sie auch noch stolz darauf!«

*

Kortner war schon Ende siebzig und ziemlich krank, als ihn im Expreßzug Wien–München ein Herr fixierte: »Entschuldigen Sie«, sagte der Fahrgast, »Sie schau'n dem Schauspieler Fritz Kortner unglaublich ähnlich, aber ich weiß ja, daß Sie's nicht sein können. Meine Frau hat mir erst unlängst erzählt, daß der Kortner schon tot ist.«
Gelangweilt blickte Kortner von seiner Zeitung auf und meinte: »Sagen Sie Ihrer Frau: Kortner lebt!« Und dann fügte er noch hinzu: »Aber sagen Sie's ihr bald!«

*

Mit vier Worten hat Kortner seinen Pessimismus gegenüber den Bewohnern dieser Welt treffender formuliert als mancher Philosoph, der zu diesem Thema lange Abhandlungen verfaßte. »Der Mensch«, sagte Kortner, »der Mensch ist keiner!«

Wie eitel sind Künstlerinnen?

Schöne Frauen legen bekanntlich selten Wert darauf, die Öffentlichkeit mit allzu weitreichenden Details ihrer Geburtsdaten zu verwöhnen. Mit den kleinen, durchaus sympathischen Eitelkeiten großer Künstlerinnen könnte man ganze Bücher füllen, doch da der geradezu sprichwörtliche Wiener Charme mir derartiges verbietet, werde ich diese Bücher nicht schreiben, sondern mich darauf beschränken, Ihnen ein paar diesbezügliche Wiener G'schichten zu erzählen. Sie beweisen, wie jung die genannten Damen – ungeachtet ihres tatsächlichen Alters – zeitlebens geblieben sind.
Als etwa die populäre Komödiantin Josephine Gallmeyer gefragt wurde: »Wann geboren?«, antwortete sie mit verschämtem Augenaufschlag: »In Brünn!«

*

Rosa Albach-Retty, die 1980 als letzte Hof-Schauspielerin im Alter von 106 Jahren starb, war bis in ihre letzten Lebensjahre in bewundernswerter Verfassung. Als sie hundert war, fragte man sie, wie sie sich in ihrem Altersdomizil in Baden bei Wien fühlte, das von der Vereinigung »Künstler helfen Künstlern« betreut wird. »Na ja«, antwortete die Hundertjährige, »es ist ja ganz nett, aber es sind halt lauter alte Leute dort.«

Mir selbst war es vergönnt, die große alte Dame aus Anlaß ihres hundertsten Geburtstages zu interviewen. Michael Horowitz fotografierte, wobei sich Rosa Albach-Retty – die immer noch blendend aussah – auf einem der Bilder nicht ganz so gut gefiel wie auf den anderen. Als die ebenso humorvolle wie elegante Künstlerin genau dieses Foto in der Zeitung sah, sagte sie lachend: »Um Gottes willen! Wenn jemand das Bild sieht, glaubt er nicht, daß ich hundert bin. Da schau ich ja aus wie mit zweihundert!«

*

Der großen Theaterdame Sarah Bernhardt, die anläßlich ihrer Welttournee auch nach Wien kam, wurde nachgesagt, »ihre Begabung, uns etwas vorzuspielen«, sei ebenso außergewöhnlich wie ihre sensationell schlanke Figur. Dazu vermerkte ein Kritiker: »Sie ist eine so perfekte Lügnerin, daß es mich nicht wundern würde, wenn sie in Wahrheit dick wäre.«

*

Gar nicht eitel gab sich die aus Wien stammende Schriftstellerin Vicky Baum, die mit ihrem Roman »Menschen im Hotel« weltberühmt wurde. Ein Wiener, der sie in Hollywood kennenlernte, war schon beim ersten Zusammentreffen überrascht von ihrer Erscheinung und ihrer jugendlichen Ausstrahlung. »Sie sind ja blond und so jung«, wurde Vicky Baum von dem Wiener begrüßt, »ich dachte, Sie seien grauhaarig und wesentlich älter.« »Stimmt«, sagte darauf Vicky Baum.

Der Pallenberg und die Massary

Sie waren das populärste Ehepaar ihrer Zeit: Max Pallenberg, in der Rolle des »Braven Soldaten Schwejk« berühmt geworden, und Fritzi Massary, die unerreichte Operettendiva der dreißiger Jahre. Gemeinsam fuhren die beiden einmal per Bahn von Wien nach Preßburg. Im Abteil beobachtete die Massary, wie ihr Mann mit einer üppigen Blondine kokettierte. Kaum war das Mädchen ausgestiegen, fragte die Massary streng: »Warum hast du dieser abgetakelten Person zugezwinkert?«

»Ich habe ihr nicht zugezwinkert!«

»Natürlich, ich hab's doch selbst gesehen. Nachher hast du deine Augen gerieben und so getan, als ob dir was hineingeflogen wäre.«

»Genauso war es«, beeilte sich Pallenberg zu erklären. »Der Rauch der Lokomotive, du verstehst, mein Liebling . . .«

Die Ehefrau sagte vorerst nichts. Erst an der Endstation brüllte sie ihrem Mann zu: »Jetzt schaust du dir die Lokomotive einmal ganz genau an, dann knie dich hin und bitte mich um Verzeihung.«

Pallenberg schaute sich die Lokomotive an. Sie war elektrisch betrieben.

*

Auf die Frage nach seinem Tagesablauf antwortete Pallenberg in einem Interview: »Ich öffne meine Augen und lasse mir gleich mit dem Frühstück die Tageszeitung ans Bett bringen. Als erstes schlage ich die Todesanzeigen auf. Wenn ich nicht drinstehe, erhebe ich mich ...«

*

Am 27. Juni 1934 stand Max Pallenbergs Name dann in den Todesanzeigen seiner Zeitung. Der große Komödiant aus Wien war tags zuvor bei einem Flugzeugabsturz in der Tschechoslowakei im Alter von 56 Jahren ums Leben gekommen.

»General« Sandrock

Adele Sandrock war als junge Schauspielerin in klassischen Rollen am Wiener Volkstheater ebenso erfolgreich wie später dann als reifere Tragödin an der »Burg« und im Alter im komischen Fach beim Film. Wiens Männerwelt lag der herben Schönheit zu Füßen – und mit Arthur Schnitzler verband sie eine heftige Affäre. Groß und von kräftiger Gestalt, sah sich die Sandrock eines Abends nach der Vorstellung am Bühnentürl des Burgtheaters einem jungen Mann gegenüber, der ihr kaum bis zur Schulter reichte. »Wenn Sie gestatten, gnädige Frau«, sagte der Bewunderer ehrfurchtsvoll, »werde ich Sie heute nach Hause bringen. Wir wohnen in derselben Straße.«

»Aus welchem Grund?« gab sich die Künstlerin erstaunt. »Fürchten Sie sich denn, allein nach Haus zu gehen?«

*

Einen Teil ihrer Faszination erreichte Adele Sandrock durch ihren tiefen Baßbariton. Einem blinden Bettler, der auf der Kärtner Straße seinem Gewerbe nachging, warf sie ein paar Münzen in den Hut und rief ihm gleichzeitig zu: »Kaufen Sie sich was dafür!« Der Mann reagierte mit den Worten: »Danke schön, Herr General!«

*

Selbstbewußt war sie auch. Als Burgtheaterdirektor Dr. Max Burckhard zu ihr sagte: »Ich kenne nur zwei wirklich große Tragödinnen ...«, unterbrach sie ihn: »Und wer ist die zweite?«

*

Am Ende eines sehr langweiligen Konzerts, das von einem zweitklassigen Streichquartett bestritten wurde, meinte ihr Sitznachbar im Wiener Musikvereinssaal: »Die spielen seit drei Jahren zusammen.«
Worauf die Sandrock mit dem ihr eigenen trockenen Humor sagte: »So lange kam es mir gar nicht vor.«

*

Bei einer Premierenfeier wurde Adele Sandrock einem jungen Mediziner vorgestellt, der – mehr Modearzt als Kapazität – sehr arrogant und von sich eingenommen war. Als der Sandrock auffiel, daß er einen übergroßen Brillantring trug, den er während des Gesprächs stets durch lebhaftes Gestikulieren zur Geltung zu bringen trachtete, fragte sie ihn, woher er das prachtvolle Schmuckstück hätte.
»Den Ring habe ich von einer Patientin«, antwortete der Modearzt kokett.
»Soso!« brummte die Sandrock. »Also geerbt!«

»Mein Rat: Meinrad!«

Wer so groß ist wie Josef Meinrad, der hat natürlich Neider, und das spiegelt sich auch in mancher der vielen Anekdoten wider, die über ihn im Umlauf sind. Als er 1959 den Iffland-Ring erhielt, erzählten Kollegen (die diese Auszeichnung selbst gern ergattert hätten), wie dies vor sich gegangen sei: Der Burgschauspieler Werner Krauß wurde, am Totenbett liegend, gefragt, wer denn nach ihm den begehrten Ring erhalten solle. Da röchelte der sterbende Mime mit letzter Kraft die Worte: »Mein Rat ist ...« – doch ehe er den Namen nennen konnte, war sein Leben ausgehaucht. Es blieb als letzter Wunsch: »Mein Rat« – und so bekam Meinrad den Ring.
Jeder, der Josef Meinrad einmal auf der Bühne sah,

weiß freilich, daß Werner Krauß keinen anderen als ihn gemeint haben konnte.

*

In einer Priesterrolle rührte Meinrad, der ja ursprünglich wirklich Pfarrer werden wollte, einen Franziskanermönch dermaßen, daß dieser dem damaligen Bundestheaterchef Dr. Alfred Weikert anvertraute: »So einen Mann wie diesen Meinrad müßte man im Orden haben!« Weikert, leidgeprüft in Honorarverhandlungen, seufzte: »Ich fürchte, Sie werden sich über die Gage nicht einigen können!«

*

Meinrads Bescheidenheit ist geradezu sprichwörtlich. Als er am Theater an der Wien den »Mann von La Mancha« spielte, fragte ihn Fritz Muliar: »Sag, Pepi, warum tust du dir das an, nach jeder Vorstellung mit der Straßenbahn nach Hause zu fahren?« Meinrad antwortete: »Mit dem, was ich mir dabei erspar, kauf ich mir einen Rolls-Royce!«

*

So war's dann auch. Und zum Thema Bescheidenheit sagte Adrienne Gessner einen Satz, den ich kaum niederzuschreiben wage, weil er fast so berühmt ist wie der Meinrad selber. Der Vollständigkeit halber tu ich's trotzdem. Die Gessner behauptete: »Seit der Pepi den Rolls-Royce hat, ist er noch bescheidener geworden!«

Die Gessner war »überall a bissl ungern«

Adrienne Gessner, die einstige Doyenne des Wiener Burgtheaters, war nicht nur als Schauspielerin, sondern auch wegen ihrer bissig-pointierten Bemerkungen bekannt. Zum wöchentlichen Jour fixe – jeden Sonntag vormittag in ihrer Wohnung am Kärntner Ring – kam, wer im Wiener Theaterleben Rang und Namen hatte: Paula Wessely und Vilma Degischer gehörten ebenso dazu wie Helmut Lohner, Otto Schenk, Ernst Haeusserman, Peter Weiser, Johanna Matz oder Hans Jaray. Ihre Pointen trafen immer ins Schwarze. So etwa, als Freunde die begeisterte Wienerin immer wieder zu überreden versuchten, endlich einmal auf Urlaub zu gehen. Man riet ihr zu Goisern, doch die Gessner lehnte ab. Ebenso beim Vorschlag Ischl. Und bei Salzburg. Und bei Hallein. Bis sie endlich eine Erklärung für ihre Abneigungen lieferte: »Ich bin halt überall a bißl ungern!«

*

Die gute Adrienne Gessner konnte auch kultiviert boshaft sein: Nach der Burgtheater-Premiere eines Stücks mit einer jungen Schauspielerin, die sie ganz und gar nicht leiden konnte, wurde die alte Dame gefragt, wie die Frau X. gespielt hätte. Worauf die Gessner trocken antwortete: »Sie ist noch schlechter – als ich sie find!«

Adrienne Gessner, die mit dem großen Regisseur Ernst

Lothar verheiratet war, starb im Juni 1987, kurz vor der Vollendung ihres 91. Lebensjahres.

Wie unsere Stars wirklich heissen

Künstler lieben es, ihre Namen zu ändern, und man kann's ihnen oft gar nicht verübeln. Unvorstellbar fast, wäre Oskar Werner unter seinem wirklichen Namen – Bschließmayer – als Hamlet am Burgtheater aufgetreten. Er ist nur einer von vielen Wiener Lieblingen, die unter Pseudonym agierten. Wie wir von Hans Moser wissen, daß sein eigentlicher Name Julier war, so hieß Wiens großer Opernstar Maria Jeritza in Wahrheit Jedlička. Peter Alexander heißt Neumayer, und da ein gewisser Josef Moučka vermutete, man könne mit diesem Namen nicht berühmt werden, änderte er ihn auf Meinrad. Den umgekehrten Weg ging Elisabeth Orth: Gerade weil ihr tatsächlicher Name – Hörbiger – einen so guten Klang hat, wählte sie einen »unverdächtigen«. Orth war der Mädchenname ihrer Großmutter mütterlicherseits, der Mutter von Paula Wessely also. Elisabeths Schwestern Christiane und Maresa gaben sich mit dem Ererbten zufrieden. Und spielen unter Hörbiger, wie es in ihrer Geburtsurkunde steht.

*

Gunther Philipp, der in Wirklichkeit Dr. med. Placheta heißt – aber als junger Schauspieler nicht abends unter dem Namen auftreten wollte, mit dem er tagsüber

Spitalsdienst versah –, erhielt den wohlmeinenden Rat, sich einen ganz einfachen Namen auszusuchen, der »so klingt wie der eines Hausmeisters«. Und da sein Hausmeister Philipp hieß, nannte er sich dann auch so.

*

Als Fritz Imhoff noch Jeschke hieß, gestand er seinem Vater, daß er zum Theater wollte. Der schrie empört: »Komödiant willst werden? Zu den Schmieranten gehen, zum fahrenden G'sindel? Wo werden s' dich schon auftreten lassen? Vielleicht *im Hof!*« Fritz hielt das für einen guten Künstlernamen und wurde damit populär.

Künstlernamen sind keine Erscheinung unserer Tage, zumal sich schon Ferdinand Raimund – der Raimann hieß – hinter einem Pseudonym versteckte.

*

Zuletzt noch zu einem Schauspieler, der heute – trotz veredelten Namens – ziemlich vergessen ist, zu seiner Zeit aber berühmt war: Ludwig Dessoir, eigentlich Dessauer, gastierte am Burgtheater und fragte während der ersten Probe den Theaterdiener, wo denn das gewisse Örtchen sei. Dieser, offensichtlich gut informiert, erklärte: »Das kann ich Ihnen sagen, Herr Dessauer!«
»Ich heiße Dessoir«, unterbrach der Mime beleidigt, »und jetzt sagen Sie mir endlich, wohin man geht.«
»Jawohl, Herr Dessoir – das Pissauer ist dort hinten rechts!«

Imhoffs verhinderte Opernkarriere

Fritz Imhoff, dessen Identität wir soeben lüften konnten, hat in unzähligen Filmen – meist an der Seite Hans Mosers – mitgewirkt. Er wurde am 6. Jänner 1891 in Wien geboren, wo auch seine Karriere begann. Das heißt: Begonnen hat's eigentlich am Stadttheater Brünn, an das Imhoff als Operettensänger engagiert wurde. Unter welchen Umständen das geschah, weiß sein langjähriger Freund Hugo Wiener zu berichten: »Imhoffs erster Direktor hieß Heiter, und der hatte es sich in den Kopf gesetzt, aus dem Fritz einen Opernsänger zu machen. Imhoff debütierte als Tenor in der Oper ›Der eiserne Heiland‹, dessen wichtigste Aufgabe es war, den Bariton auf offener Bühne zu erstechen. Während der Vorstellung saß Imhoff leider in der Kantine, wo er sich mit seinen Kollegen so angeregt unterhielt, daß er den Auftritt verpaßte. Als er aus der Ferne die Musik hörte, zu der er eigentlich singen sollte, raste er auf die Bühne. Doch es war zu spät. Der Bariton lag bereits tot – vom Inspizienten notdürftig erstochen – am Boden. Mit den Worten ›Jössas, was mach ma denn da?‹ erstach er den Bariton ein zweites Mal. Das Publikum tobte vor Lachen, worauf der Direktor empfahl: ›Imhoff, werden Sie Komiker!‹«
Ein Rat, den dieser glücklicherweise beherzigte.

»Ich wollte nie hoch hinaus«, sagt Fritz Muliar, »meine Vorbilder waren nicht der Balser oder der Kainz, mein Vorbild war der Imhoff.« Besagter Fritz Imhoff also, den Friedrich Torberg als »den *großen* Fritz Imhoff« bezeichnete, »der nur den einen Fehler hatte, zur selben Zeit wie der *noch größere* Hans Moser gelebt zu haben«.

»Mir ist«, schmunzelt Muliar, »wenigstens in meinen späten Jahren ein solches Schicksal erspart geblieben, ich bin ziemlich allein da auf weiter Flur.« In den fünfziger Jahren einer der Stars in der Farkas-Ära am Kabarett »Simpl«, war er dann sechs Jahre am Volkstheater, 13 Jahre in der Josefstadt und 17 Jahre am Burgtheater. Weit über die Grenzen Österreichs hinaus populär wurde Muliar durch zahlreiche Film- und Fernsehrollen – allen voran als »Braver Soldat Schwejk«. Und von jeder Station seiner Theaterlaufbahn weiß er ein paar Wiener G'schichten zu erzählen.

*

Es war in der »Simpl«-Zeit, als Muliar mit Hugo Wiener, Cissy Kraner, Heinz Conrads und seiner späteren Frau Franziska Kalmar (der ersten Sprecherin des österreichischen Fernsehens) nach einer Vorstellung im Restaurant »Rauchfangkehrer« in der Wiener Weihburggasse saß. In die heitere Runde mischte sich plötzlich ein deutscher Gast, der die Kabarettisten auf

Wein und Sekt einlud. Der Herr aus der Bundesrepublik war wohl schon etwas angeheitert, was sich auch darin manifestierte, daß es ihm nicht mehr gelang, die restauranteigenen Toilettenanlagen zu erreichen, als dies notwendig erschien. Und statt dessen seine Notdurft im Gastzimmer verrichtete, genaugenommen an jenem Ölofen, der sich in unmittelbarer Nähe des Klaviers befand.
An dem saß Herr Ritter, der damalige Besitzer des »Rauchfangkehrers«, der gleichzeitig auch als Pianist des Lokals fungierte. Ins Klavierspiel vertieft, bemerkte er erst nach einiger Zeit das »Lackerl«, besichtigte den »Tatort« und meinte dann: »Jetzt hab i den Ölofen erst zwei Tag – und schon rinnt er!«

*

1964 kam Muliar an die Josefstadt, wo er »eine sehr glückliche Zeit in der Ära Franz Stoß erlebte«. Eines Tages saß er mit Egon von Jordan, Ernst Waldbrunn und Lotte Lang in der Garderobe der Kammerspiele, als die Lang stolz verkündete, es würde ihr demnächst die Ehrenmedaille der Stadt Wien in Silber verliehen. Darauf Waldbrunn: »Das wär nix für mich. Man nimmt entweder die goldene oder gar keine.« Und fragend zu Egon von Jordan: »Was sagst du, Exi?«
Darauf der in Ehren ergraute Mime: »Ich kann das leider nicht beurteilen. Ich hab nämlich die bronzene!«

*

Muliar war bereits am Burgtheater, als er im Radio hörte, daß seinem Freund und Kollegen Heinz Reincke demnächst eine der höchsten Auszeichnungen für Schauspieler überreicht werden sollte. Muliar begrüßte Reincke mit den Worten: »Heinz, hast scho gehört, du kriegst die Kainz-Medaille!«
Darauf Reincke, von sich sehr überzeugt, trocken: »No, wer denn sonst?«
Drei Jahre später, 1978, wurde die begehrte Ehrung Muliar zuteil. Prompt fragte er Reincke: »Was glaubst du, wer heuer die Kainz-Medaille bekommt?« Darauf Reincke: »Ich kann's mir nicht vorstellen. Ich hab's ja schon!«

*

Fritz Muliar war also bereits im Besitz der höchsten Auszeichnungen, die Wien seinen prominenten Schauspielern zu bieten hat – er war unter anderem auch Träger des Nestroy-Rings und Professor –, nur der Titel Kammerschauspieler fehlte noch. Mit dem wollte ihn der damalige Burgtheaterdirektor Achim Benning ehren. Da zwischen der Verleihung der vorangegangenen Auszeichnung und dem geplanten Titel nicht genügend Zeit lag – laut Gesetz muß eine Frist von fünf Jahren eingehalten werden –, merkte Benning in einem Brief an den scheidenden Bundespräsidenten Rudolf Kirchschläger an, er möge doch eine Ausnahme machen, »da Sie ja wissen, Herr Bundespräsident, daß Ihr Nachfolger Herrn Professor Muliar den Titel kaum überreichen wird«.

Zu diesem Zeitpunkt hatte Muliar bereits öffentlich gegen das designierte Staatsoberhaupt Kurt Waldheim Stellung bezogen.
Der Titel Kammerschauspieler wurde ihm von Rudolf Kirchschläger verliehen.

*

Vor der nächsten Präsidentschaftswahl, 1992, wurde Muliar von einer deutschen Zeitung gefragt, wen er diesmal wählen würde. Der deklarierte Sozialdemokrat ließ keinen Zweifel an seiner Präferenz für Verkehrsminister Rudolf Streicher, schränkte dann aber ein: »Die Heide Schmidt wär allerdings der einzige Bundespräsident, neben dem ich gern aufwachen würde.«

Und noch zwei Titel-G'schichten

Auch Muliars großem Lehrmeister Karl Farkas – dem wir noch in den Wiener Kabarett-G'schichten begegnen werden – verdanken wir eine Anekdote zum Thema »Auszeichnungen«. Er selbst war auf seinen Titel Professor sehr stolz und konnte spitz und eifersüchtig reagieren, wenn Kollegen geehrt wurden. Als einmal Ossy Kolmann in der »Simpl«-Garderobe zum Erstaunen aller Anwesenden verkündete, er hätte gehört, daß dem Operettenbuffo Josef Menschik das »Ehrenkreuz für Wissenschaft und Kunst« verliehen würde, murrte

Farkas: »Vielleicht is er a Wissenschaftler – Künstler is er jedenfalls kaner!«

*

1978 wurde Paul Hörbiger von der Zeitschrift »Hörzu« die »Goldene Kamera« verliehen. Drei Jahre später sollte dann Alfred Böhm, der wie er in der niederösterreichischen Gemeinde Wieselburg wohnte, dieselbe Auszeichnung erhalten. Ich besuchte Hörbiger im Februar 1981 – wenige Wochen bevor er dort starb – im Krankenhaus Lainz und erzählte ihm unter anderem davon, daß Böhm als nächstem die begehrte »Kamera« des Publikums überreicht werde.
Was Paul Hörbiger so kommentierte: »Jetzt ist Wieselburg die Stadt mit den meisten ›Goldenen Kameras‹ pro Kopf der Bevölkerung.«

Frau Sowinetz und der Neger

Mit Kurt Sowinetz ist 1991 einer der großen Wiener Komödianten gestorben. Seine Witwe Inge und seine Tochter Dunja haben ein Buch über ihn geschrieben: »Man müßt mit an Vogerl Bruderschaft trinken ...« Sowinetz, erfährt man hier, spielte in den siebziger Jahren am Burgtheater in Tom Stoppards »Night and Day« die Rolle eines schwarzen Diktators. Nach jeder Vorstellung ließ er sich in voller Schminke von seiner Frau nach Hause führen, um sich die dunkle Farbe dann in der Badewanne herunterzuwaschen.

Seine Schwiegermutter wurde damals beim Einkaufen in Ottakring gefragt, ob Herr Sowinetz vielleicht im Ausland weilte. Bald war der Hintergrund dieser Fragen klar: Aufmerksame Bürger hatten beobachtet, daß Frau Sowinetz des öfteren abends mit einem Neger heimkam . . .

*

In seiner Freizeit begeisterter Bastler, kaufte sich Kurt Sowinetz in der Nachbarschaft seines Freundes Fritz Muliar ein Wochenendhaus am Donau-Oder-Kanal. »Jede der links und rechts des Kanals angelegten Parzellen hatte einen eigenen Badesteg«, erinnert sich Inge Sowinetz. »Angeregt durch die Nähe des Wassers, begann Kurt sich mit dem Bau von Modellbooten zu beschäftigen. Eines Tages kam er mit einem Schiffchen daher, das nicht nur vor, zurück, links und rechts fahren konnte, sondern bei dem man auch durch einen ferngesteuerten Impuls ein Tonband in Gang setzen konnte.«

An einem Sonntag, an dem Muliar vor seinem Häuschen in der Sonne lag, fuhr das Boot vom Sowinetz-Ufer los, wobei sich das Tonband exakt vor dem Muliar-Steg einschaltete. Und zwar mit den Worten: »Fritz Muliar ist ein Arschloch! Ende.« Danach drehte das Schiffchen um und kehrte zum Sowinetzschen Ausgangshafen zurück.

*

Der Titel des Buches ist eine Zeile aus einem Sowinetz-Lied: »Man müßt mit an klan Vogerl Bruderschaft trinken ...« Die nächste Zeile lautet: »... und dann so g'scheit sein, daß ma alles, was er mant, versteht.«
Der unvergessene Kurt Sowinetz weiß wohl inzwischen, was die »Vogerln« meinen.

Attila Hörbiger am Fussballplatz

Im Frühjahr 1990 wurde eine Burgtheater-Premiere um 24 Stunden verschoben, weil zum ursprünglich vorgesehenen Termin das Spiel Österreich–Italien bei der Fußballweltmeisterschaft aus Rom vom Fernsehen übertragen wurde und man (wohl nicht ganz zu Unrecht) befürchtete, daß dem Publikum die WM wichtiger wäre als eine noch so schöne Theateraufführung. Ähnliches hat's in der Geschichte der »Burg« schon gegeben. War doch im Vertrag des großen Attila Hörbiger ausdrücklich vermerkt, daß er »an Sonntagnachmittagen, an denen in Wien ein Ländermatch ausgetragen wird, nicht auftreten muß«. Er war eben Fußballfan.

*

Ganz im Gegensatz zu seinem an sportlichen Ereignissen weniger interessierten Bruder Paul, dem ein ganz anderes Privileg zustand. Da er, wie erwähnt, die letzten Jahre seines Lebens im niederösterreichischen Wieselburg wohnte und jeden Abend nach seinem Auftritt per Bahn nach Hause fuhr, war in seinem Bühnenvertrag geregelt, daß er sich nach der Vorstellung nicht mit den anderen Schauspielern vor dem Vorhang verbeugen mußte. In diesem Fall hätte er nämlich den um 23.45 Uhr vom Westbahnhof abfahrenden letzten Zug nach Wieselburg versäumt. Das galt freilich nur für seine Auftritte am Akademietheater, denn an der »Burg« war damals sowieso noch das aus den Tagen Kaiser Josephs II. stammende »Vorhangverbot« aufrecht. Es war darauf zurückzuführen, daß in Anwesenheit des Monarchen anderen Personen nicht applaudiert werden durfte.

*

Den wohl kuriosesten aller Bühnenverträge hatte ein anderer Schauspieler, nämlich Alexander Girardi, abgeschlossen. Da er mit der Eigentümerin und Direktorin des Theaters an der Wien verfeindet war, lautete ein Passus seines Kontrakts: »Wenn Herr Girardi in einer Probe die Bühne betritt, hat Fräulein von Schönerer dieselbe augenblicklich zu verlassen!«

Girardi auf der Flucht

Girardi war einer der ganz großen Wiener Volksschauspieler. Ein besonders angenehmer Zeitgenosse dürfte er jedoch – den Überlieferungen seiner Kollegen zufolge – nicht gewesen sein. Allem Anschein nach hatte

der einstige Schlosserlehrling seinen unvergleichlichen Aufstieg zum populärsten Schauspieler der Donaumonarchie nur schwer verkraftet.
Als ihm einmal Elevinnen des Theaters an der Wien bei einem Spaziergang im Volksgarten begegneten und ihn freundlich mit den Worten »Guten Morgen, Herr Kollege!« begrüßten, drehte sich Girardi um und erwiderte: »Bin ich a Hur, daß Sie Kollege zu mir sagen?«

*

Girardi kommt nicht zur Probe. Das Orchester ist unruhig, der Dirigent wütend. Endlich, nach mehr als einstündiger Verspätung, betritt der Publikumsliebling die Bühne. »Ich an Ihrer Stelle wäre überhaupt nicht gekommen«, sagt der Dirigent.
»Sie haben eben kein Pflichtgefühl«, antwortet Girardi trocken, »aber ich bin viel zu gewissenhaft für solche Sachen.«

*

In der »Girardi-Zeit« war es üblich, Theatergagen unmittelbar vor Beginn der jeweiligen Vorstellung auszuzahlen. Girardi war berühmt dafür, daß er mit verschränkten Armen vor dem großen Wandspiegel seiner Künstlergarderobe saß, bis der Kassier den Gagenzettel in den Spiegelrahmen geklemmt und das vertraglich fixierte Spitzenhonorar von vierhundert Kronen auf den Schminktisch gelegt hatte. Dann erst durfte der Garderobier eintreten und Girardi für den Auftritt herrichten.

*

Der »Fall Girardi« hat 1895 ungeheures Aufsehen erregt: Seine Frau Helene Odilon, selbst gefeierte Schauspielerin am Volkstheater, wollte Girardi, um die Scheidung von ihm zu erreichen, ins Irrenhaus sperren lassen. Ganz Wien trug damals den – durch Girardi populär gewordenen – Girardihut. Auch ein hoher Staatsbeamter, der in Girardis Haus in der Nibelungengasse wohnte und dem eben diese Mode zum Verhängnis wurde. Vor der Haustür warteten nämlich die von Helene Odilon gerufenen Irrenhauswärter, die den verblüfften Nachbarn mit Girardihut für Girardi hielten, in einen Krankenwagen zerrten und ins Privatsanatorium Svetlin einlieferten. Girardi, der die Szene vom Fenster seiner Wohnung aus beobachtete, konnte in die Villa seiner Freundin Katharina Schratt nach Hietzing flüchten. Eine Intervention der Schratt beim Kaiser ersparte ihm die Einweisung in die geschlossene Anstalt.

Katharina Schratt vom »Borgtheater«

Der alte Kaiser überhäufte seine Seelenfreundin, die Hof-Schauspielerin Katharina Schratt, mit wertvollen Geschenken. Franz Joseph, der weder Experte für Schmuck war noch eine Beziehung zu Geld hatte, konnte gar nicht ahnen, welches Vermögen er der Schratt im Laufe der Jahre in Form von Juwelen verehrt hatte – es ging ihm einfach darum, der Angebeteten immer wieder Freude zu bereiten. Nachdem er ihr wieder einmal über seinen Finanzverwalter Hofrat Hawerda eine ihm selbst nicht näher bekannte Summe überweisen ließ, damit sie sich ein Schmuckstück nach Wahl kaufen konnte, zeigte die Schratt dem Kaiser einen Ring, den sie mit dem Geld erworben hatte.

Während Franz Joseph die wunderschöne Goldarbeit betrachtete, fragte die Schratt: »Was glauben Majestät, hat dieser Ring gekostet?«

Franz Joseph drehte das Schmuckstück nach allen Seiten um, bewunderte die wertvollen, eingefaßten Steine und schätzte dann: »Fünfzig Kronen!«

»Aber Majestät«, lachte die Freundin über so viel Naivität, »nicht fünfzig Kronen – achtzigtausend hat's gekostet!«

»Soso, achtzigtausend«, meinte der Kaiser, »na ja, auch nicht teuer!«

*

Als leidenschaftliche Roulettespielerin war die Schratt stets in Geldnöten. Immer wieder mußte ihr ganzer Besitz gepfändet (und vom Kaiser wieder ausgelöst) werden, ihre Burgtheatergage ließ sie sich auf Monate im voraus bezahlen. Was ihren Kollegen Friedrich Mitterwurzer zur spöttischen Bemerkung veranlaßte: »Liebe Kathi, du bist nicht am *Borg*theater, sondern an der *›Burg‹* engagiert.«

Leopold Rudolf und die Kollegen

Eine kleine Geschichte, die man sich heute noch in den Künstlergarderoben des Theaters in der Josefstadt erzählt, erinnert uns an den 1978 verstorbenen hinreißenden Schauspieler Leopold Rudolf, der vor allem durch die Gestaltung der großen Schnitzler-Rollen unvergessen bleibt.

Die enorme Anspannung, unter der Schauspieler während einer Probe oder einer Vorstellung leiden, kann ein Außenstehender kaum nachvollziehen. Es gibt nur ein Mittel, einen Theatermann wieder ins »normale Leben« zurückzuholen: Man muß ihn loben, loben, loben und alle heiligen Eide schwören, daß er der Beste war, der je auf einer Bühne stand. Dann erst schwinden allmählich die Unsicherheiten, ob der soeben zu Ende gegangene Auftritt auch wirklich gelungen war.

Das wußte natürlich Leopold »Poldo« Rudolf aus eigener, langjähriger Erfahrung sehr genau. Man probierte eine Komödie, in der er selbst nicht mitspielte. Also verbrachte er den Vormittag, an dem die Hauptprobe des Lustspiels stattfand, sehr gemütlich im Kaffeehaus Maria Treu, gegenüber vom Theater. Nach der Probe kamen die Kollegen bei der Tür herein und setzten sich zu »Poldo«.

»Kinder«, begrüßte er seine Freunde, »Kinder, ihr warts heute wieder großartig, ganz einmalig, jeder einzelne von euch ein Erlebnis!«

Sie umarmten einander voller Euphorie, ehe einer der

Mimen verwundert fragte: »Sag, Poldo, woher weißt du, wie wir gespielt haben, du warst doch heut' gar nicht im Theater?«
»Aber Kinder«, entgegnete Leopold Rudolf, »ich kenn euch doch alle!«

Die Bleibtreu bleibt treu

65 Jahre, von 1893 bis zu ihrem Tod im Jahre 1958, blieb Hedwig Bleibtreu dem Burgtheater treu. Damit war sie länger an dieser Bühne als irgendein anderer Schauspieler.
Jedes ihrer runden Jubiläen war ein Ereignis. 30 Jahre Bleibtreu an der »Burg« wurde ebenso gefeiert wie 40, 50, 60 Jahre ... Als man im Juni 1943, mitten im Krieg, ihr halbes Burgtheater-Jahrhundert zelebrierte, war der Schauspieler Heinz Moog gerade seit drei Monaten im Ensemble. Tief gerührt von den Ovationen, die man der Bleibtreu entgegenbrachte, meinte er: »Was ist hier in Wien ein Schauspieler, wie wird er von seinem Publikum geliebt!« Worauf ein Kollege erwiderte: »Nur noch 49 Jahre und neun Monate, und dann bist auch du soweit!«

*

Im Oktober 1955 wurde die Bleibtreu vom Journalisten Ernst Hagen – dem späteren Präsentator der Fernseh-

sendung »Seniorenclub« – aus Anlaß der Wiedereröffnung des Burgtheaters interviewt. »Meine erste Rolle«, erzählte sie ihm rückblickend, »war die Maria Stuart, und in der war ich gar nicht gut. Dann habe ich die Medea gespielt, da war ich auch schlecht. Meine dritte Rolle war die Iphigenie, und da war ich miserabel!«
An dieser Stelle unterbrach Ernst Hagen die alte Dame mit der Frage: »Ja, wie sind Sie denn dann die berühmte Bleibtreu geworden, wenn Sie immer schlecht waren?«
»Mein Gott«, sagte die Schauspielerin, »die Leute gewöhnen sich halt an einen.«

Vom Liftboy zum Theaterstar

An die 40 Jahre gehörte der Schauspieler Harry Fuss dem Ensemble des Wiener Volkstheaters an. Wie er, der frühere Zimmerkellner, fürs Theater entdeckt wurde, ist eine Wiener G'schichte für sich. Nach Abschluß der Hotelfachschule war er am renommierten Hotel Ambassador am Neuen Markt beschäftigt und machte dort vom Liftboy über Rezeption bis zum Zimmerservice alles durch. »1932 wohnte Marlene Dietrich mit ihrer Tochter bei uns«, berichtet Harry Fuss. »Die Kleine war ungezogen, warf immer wieder Prospekte und Ansichtskarten, die am Rezeptionstisch lagen, zu Boden. Beim vielleicht zwanzigsten Mal gab ich dem Mädel einen leichten Klaps, worauf ich zum Hoteldirektor zitiert wurde. Er machte in Anwesenheit der Dietrich eine Riesenszene und drohte mir mit dem Hinauswurf. Kaum war die berühmte Schauspielerin aus der Direktionskanzlei, hatte sich mein Chef wieder beruhigt, und da sagte er zu mir: ›Das nächste Mal hauen S' der Kleinen eine runter, wenn die Mutter net zuschaut.‹«

*

Zwei Jahre später wohnte Willi Forst im Ambassador. Der junge Harry Fuss war gerade für das Zimmerservice zuständig. »Ich brachte das Frühstück in seine Suite, in der ein Klavier stand, spielte und sang nur für mich ein paar Takte des Schlagers ›A Mehlspeis', so a Kaiserschmarren‹. Plötzlich kam Forst aus dem Badezimmer und sagte: ›Junger Mann, Sie haben Talent, Sie müssen zum Theater!‹« Harry Fuss trat daraufhin beim Internationalen Tonfilmwettbewerb im Konzerthaus an, schaffte prompt den zweiten Platz und erhielt sein erstes Engagement.
»Vom Schuhputzer zum Millionär« heißt es manchmal in Amerika. Die wienerische Variante lautet: »Vom Liftboy zum Theaterstar.«

Moser fährt Strassenbahn

Noch einmal Hans Moser: Daß er sparsam war, darf als bekannt vorausgesetzt werden. Ich persönlich mag es nicht sehr, wenn dem genialen Komödianten immer wieder diese kleine Schwäche vorgehalten wird – was allzu oft geschieht. Schließlich muß man wissen, daß Moser jahrzehntelang auf Schmierenbühnen auftrat und buchstäblich hungern mußte, ehe er in reifen Jahren endlich in seiner wahren Größe erkannt wurde. Wie so viele, die erst spät zu Vermögen kamen, war er nicht in der Lage, dieses auch zu genießen.

Nur eine, meine Lieblingsanekdote im Zusammenhang mit Mosers Sparsamkeit, will ich hier erzählen. Er war bereits mehr als achtzig Jahre alt, als er 1961 im Theater in der Josefstadt als Flickschuster Pfrim in Nestroys »Höllenangst« auftrat. Da er nicht täglich spielte, war ihm einmal entfallen, daß er an diesem Abend Vorstellung hatte. Vorstellungsbeginn war halb acht Uhr, um sieben mußten die Schauspieler im Theater sein. Um viertel acht geht an diesem Abend ein Raunen durch die Künstlergarderoben: »Der Moser ist nicht da. Was ist los, wo er doch sonst immer so pünktlich ist?«

Moser wird angerufen, er nuschelt bedauernd ins Telefon: »Jössas, i hab total vergessen, daß heut Vorstellung ist, i komm sofort«, und macht sich auf den Weg. Hunderte Menschen warten von da an fast eine Stunde lang im Foyer des Theaters, bis der Komödiant endlich – es ist bereits viertel neun – atemlos, aus Hietzing kommend, eintrifft.

Der Inspizient überfällt in förmlich: »Herr Moser, was ist passiert, wieso kommen Sie erst jetzt?«

»'tschuldigen schon«, sagt der Schauspieler, »i kann nix dafür, die blöde Straßenbahn ist nicht und nicht daherkommen!«

Auf die Idee, sich ein Taxi zu nehmen, wäre Sparmeister Moser selbst in dieser prekären Situation nicht gekommen.

Die anderen sind auch vom Theater!

Jahrzehntelang galt Raoul Aslan als Inbegriff Wiener Schauspielkunst. Jawohl, Wiener Schauspielkunst, obwohl er als Sohn eines Armeniers und einer Italienerin 1886 in Saloniki geboren wurde und erst mit neun Jahren nach Wien kam. Von 1920 bis zu seinem Tod im Jahre 1958 Mitglied des Burgtheaters, kursieren heute noch zahlreiche Anekdoten um den großen Nathan, Marquis Posa und den Rudolf im »Bruderzwist«.
Etwa diese: Bei einem Empfang, den Frankreichs Botschafter in Wien für Burgschauspieler gab, wurde Aslan von einem mit dem Wiener Theaterleben nicht sehr vertrauten Diplomaten gefragt: »Sind Sie *auch* vom Theater?«
Darauf Aslan, während er die ebenfalls anwesenden, weniger berühmten Kollegen betrachtete: »Nicht ich – die anderen, die sind *auch* vom Theater!«

*

Nach dem Zweiten Weltkrieg war Aslan drei Jahre lang Direktor des Burgtheaters, das infolge der schweren Bombenschäden im Ronacher untergebracht werden mußte. Ein Schauspieler, der es als Zumutung empfand, in einem ehemaligen Varieté zu spielen, protestierte: »Ich soll im Ronacher auftreten, wie einst dressierte Hunde, Ringer und halbnackte Nummerngirls?« »Ach was«, sagte Aslan, »die Burg ist dort, wo wir spielen. Nicht das Haus, die Schauspieler sind die Institution!«

*

In seinen späten Jahren war Aslan für seine Text-»Hänger« fast so berühmt wie für den faszinierenden Vortrag. Einmal sollte er in einem Stück den Satz »Ihr seid schlechtweg ein Meister!« sprechen, doch das Wörtchen »schlechtweg« wollte ihm nicht einfallen. Die Souffleuse rief es ihm zu, der Mime lauschte andächtig, wußte aber nicht recht, wo es einzuordnen sei. Da schrie er zurück in den Souffleurkasten: »Ihr seid schlecht! Weg!«

*

Ernst Haeusserman wunderte sich, mit welcher Bravour Aslan als Graf Almaviva in Beaumarchais' »Der tolle Tag« die ihm entfallenen Sätze jedesmal neu formulierte. Für Aslan wurden mehrere Souffleure in den Kulissen postiert, weil er laut Inszenierung quer über die Bühne zu schreiten hatte und den weit entfernten Souffleur nicht hören konnte. Fünf Studenten waren aufgeboten, die mit Taschenlampen im Dunkel der

Hinterbühne den Text mitlasen und ihn, wann immer es notwendig war, Aslan zuflüsterten. Einmal war eine Taschenlampe kaputt, worauf der Student nach dem Akt verzweifelt zu Aslan kam und sich dafür entschuldigte, daß er seine Stelle im Dunkeln nicht habe lesen können. »Jetzt spielen wir dieses Stück schon vierzigmal«, brummte der Schauspieler, »und Sie können es noch immer nicht auswendig!«

Nicht immer nur die Stars

Über viele Seiten war hier von den Giganten der Bühne die Rede, deren Allüren, Schwächen und Eigenheiten das Publikum faszinieren. Doch was wäre das Theater ohne die vielen kleinen Chargenspieler, deren Namen wenig Klang haben. Ohne die aber eine Aufführung ebenso wenig zustande käme wie ohne die Berühmten. Unter der Tatsache, kein Star zu sein, litt der Schauspieler Alfred Huttig, von dem Paul Hörbiger die schöne Geschichte erzählte, daß er am Ende jeder Vorstellung – während sich die Hauptdarsteller eitel in ihrem Applaus sonnten – in eine Loge rannte und laut in Richtung Bühne »Hoch Huttig, hoch Huttig!« rief.

*

Ein alter Provinzmime wurde ans Burgtheater engagiert. Als er als Gast an seine einstige Wirkungsstätte in

Böhmen zurückkehrte, fragten ihn die Kollegen neugierig, was er denn in Wien dazugelernt hätte. Da antwortete der Schauspieler: »G'lernt hab i nix. – Arrogant bin i worden!«

*

Ein Kleindarsteller war es auch, der für einen erkrankten Kollegen in einem Theaterstück einsprang und einen Blinden spielte. Im Programmheft stand: »Herr Morau wird heute die Rolle des Blinden lesen.«

*

Mitglieder des Burgtheaters, egal ob berühmt oder nicht, schienen einst auf Programmzetteln ohne Vornamen auf. Da stand einfach »Frau Schratt«, »Herr Kainz« oder »Herr Mayer«. Und Schauspieler, die in Kinderrollen auftraten, wurden schlicht als »Klein-Müller« vorgestellt. Auch Theodor Danegger trat schon als Kind an der »Burg« auf und wurde, der Tradition entsprechend, am Theaterzettel »Klein-Danegger« genannt. Bis eines Tages der Inspizient ins Büro des Burgtheaterdirektors Dr. Paul Schlenther stürmte, um diesem aufgeregt zu melden, er hätte soeben Klein-Danegger hinter der Bühne in eindeutiger Pose mit einer bildhübschen Statistin überrascht.
Den Direktor konnte das freilich nicht erschüttern. Er sagte nur: »Dann müssen wir halt in Zukunft statt Klein-Danegger Herr Danegger ins Programmheft drucken.«

Danegger gehörte dem Burgtheater viele Jahrzehnte an. Wie Aslan »wohnte« auch er in seinen späten Jahren zuweilen in unmittelbarer Nähe des Souffleurkastens, auf den er eines Abends, gleich nach Beginn der Vorstellung, zustürmte. Die Souffleuse flüsterte ihm seine Auftrittsworte zu: »Hoffentlich haben Euer Ehren gut geruht . . .«
Darauf der Schauspieler: »Keine Details – welches Stück?«

*

Daß man am Burgtheater schon im vorigen Jahrhundert mit Textproblemen zu kämpfen hatte, beweisen zwei Aussprüche des Direktors Franz von Dingelstedt, der einen Nachwuchsschauspieler, als er bei ihm vorsprach, fragte: »Lernen Sie Ihre Rollen leicht?«
Begeistert antwortete dieser: »Ja – sehr leicht sogar!«
»Schade, dann kann ich Sie nicht brauchen. Sie würden mein ganzes Ensemble verderben. Bei uns lernt niemand eine Rolle.«

*

1876, bei seinem Antritt als Direktor des Hauses, begrüßte Dingelstedt sämtliche Burgtheater-Mitglieder, die er natürlich alle von der Bühne her kannte, beim Namen. Nur eine ältere Dame mußte ihm aus der Verlegenheit helfen. »Ich bin die Souffleuse«, stellte sie sich vor.

Der neue Direktor schüttelte ihr daraufhin besonders herzlich die Hand. »Aber natürlich, von Ihnen habe ich auch schon sehr viel gehört.«

»Ich bin sehr gerührt. Darf ich fragen, wo Sie von mir gehört haben?«

»Gestern abend in der Vorstellung. Ich saß in der zweiten Reihe.«

Fred Astaires Wiener Karriere

1895 verließ der Handelsreisende und k. u. k. Unteroffizier Franz Austerlitz – ein gebürtiger Wiener, der zuletzt in Eisenstadt lebte – seine Heimat, um in Amerika das große Glück zu suchen. Vier Jahre später, am 10. Mai 1899, wurde er Vater eines Sohnes, dem er den Namen Fred gab. Der nannte sich später Astaire und wurde als größter Tanzstar aller Zeiten von Hollywood aus weltberühmt.

Nehmen wir einmal an, der alte Austerlitz wäre in Österreich geblieben. Sein Sohn Fred hätte als Fritzl in Wien das Licht der Welt erblickt, wäre zweifellos auch hier als großes Talent entdeckt worden, aber ...

... er wäre nach mehreren Jahren als jugendlicher Liebhaber an kleineren Provinzbühnen 1931 ans Wiener Raimundtheater engagiert worden, wo er als Schöner Sigismund im »Weißen Rößl« debütiert hätte. Er wäre als neues Tanz- und Gesangswunder gefeiert worden, doch da Fritz Austerlitz – ganz im Gegensatz zu jenem Fred Astaire, der sich in den USA von Steaks und Gemüse ernährte –, da Fritz also hierzulande mit Backhendln, Wiener Schnitzeln und Erdäpfelsalat aufgewachsen wäre, sollte er bald Probleme mit der Figur bekommen, worauf ihm der Direktor des Raimundtheaters riet: »Austerlitz, hören S' auf mit der Tanzerei, dafür san S' zu dick.« Fritz wechselte ins komische Fach über. 1952 wurde er von Franz Antel für den Film entdeckt. Er war in einigen unverwechselbaren Rollen zu sehen, durfte sogar in deutschen Filmen an der Seite von Georg Thomalla, Trude Herr und Adrian Hoven spielen, stand aber immer im Schatten Willy Birgels und Hubsi von Meyerincks.

1968 ging Fritz Austerlitz in Pension. Mit 77 mietete er sich dann in einem Wiener Altersheim ein, konnte seine Rente aber weiterhin durch Werbung und Modeschau-Conférencen aufbessern und genoß seinen Ruhestand. Am 10. Mai 1984, seinem 85. Geburtstag, erklärte Kammerschauspieler Prof. Fritz Austerlitz, als Ehrengast in den »Seniorenclub« geladen, er sei mit seinem Leben rundum zufrieden, denn für österreichische Verhältnisse hätte er es sehr weit gebracht. Es war das letzte Mal, daß man ihn in der Öffentlichkeit sah.

Fred Astaire starb am 22. Juni 1987 im Alter von 88 Jahren in Hollywood. Fritz Austerlitz im Lainzer Krankenhaus in Wien.

Ein österreichisches Schicksal.

Wiener
Kaiser- und Adels-G'schichten

Fred Liewehr und der Herzog von Windsor

In den zwanziger und dreißiger Jahren kam der Herzog von Windsor mit seiner späteren Frau Wallis Simpson mehrmals nach Wien. Der legendäre Film- und Burgschauspieler Fred Liewehr erzählte mir einmal von der skurrilen Situation, die ihn mit dem Herzog zusammenführte. Wien war in dieser tristen Zeit eine Stadt ohne Fremdenverkehr, die Lokale waren leergefegt. Um dem hohen Paar »etwas zu bieten«, engagierte ein rühriger Fremdenverkehrsobmann junge Schauspieler und Schüler des Reinhardtseminars, die Großbritanniens nachmaligem König Edward »Wiener Nachtleben vorspielen« sollten. Einer von ihnen war der junge Fred Liewehr. »Man setzte uns in das Restaurant ›Drei Husaren‹«, erinnert er sich, »wo der Herzog sein Abendessen einnahm. Jeder von uns bekam ein Glas Wein, und wir spielten Gäste.«

Soweit wär's gutgegangen, doch vor dem Lokal wartete ein Autobus, der Liewehr & Co. nach dem Essen zur nächsten Station des Herzogs, einem Heurigen in Grinzing, verfrachtete. Nachdem Wiens Künstlernachwuchs auch da in »Gastrollen« brillieren durfte, ging's per Autobus in eine Nachtbar. »Wieder traten wir als Gäste auf«, lacht Fred Liewehr, »doch jetzt war's zuviel des Guten: Der Herzog betrat das Lokal, sah zum drittenmal dieselben Gesichter, schmunzelte, drehte sich um – und ging.«

Die jungen Künstler hatten ihre Rollen gut gespielt. Nur an der Inszenierung hat's gehapert.

Wiens Schwarzenbergplatz bildet einen wahrhaft majestätischen Übergang von der Ringstraße zum dritten und vierten Bezirk, er ist nach dem Fürsten Karl Philipp zu Schwarzenberg benannt, der 1813 in der Schlacht bei Leipzig Napoleon besiegte. Zwischen dem weit auslaufenden Platz und Schloß Belvedere liegt das prachtvolle Palais Schwarzenberg, das seit den zwanziger Jahren des 18. Jahrhunderts vom jeweiligen Fürsten und dessen Familie bewohnt wird.
Im April 1945, nach dem Einmarsch der Russen, erhielt der Schwarzenbergplatz einen Namen, mit dem die Wiener gar keine Freude hatten: Das weite Areal vor dem Hochstrahlbrunnen hieß plötzlich Stalinplatz.
Es war in den Jahren der Besatzung durch die Siegermächte, als der damalige Fürst Josef Schwarzenberg – ein Nachfahre des Siegers über Napoleons Truppen – bei einem Abendessen in kleinem Kreis geladen war. Einer der Gäste stellte dem Fürsten die Frage, wo er denn wohnte.
In seiner Antwort erwies sich der Aristokrat als ebenso schlagfertig wie originell. »Ich wohne«, sagte Josef Fürst Schwarzenberg, »auf dem nach mir benannten Stalinplatz!«

*

Der glücklicherweise bald nicht mehr so hieß, denn 1955 bekam der Stalinplatz wieder seinen mit der Tradition verbundenen altösterreichischen Namen. Fürst Josef starb 1979 im 80. Lebensjahr. Heute ist sein Neffe Karl Fürst Schwarzenberg Familienoberhaupt und Besitzer des Barockpalais samt darin befindlichem Nobelhotel. Der langjährige Freund Václav Havels zählt überdies als dessen Kanzler auf dem Prager Hradschin zu den engsten Beratern des tschechoslowakischen Staatspräsidenten.

Fürstin Metternich war ihre eigene Tante

Pauline Fürstin Metternich zählte in der Zeit Kaiser Franz Josephs zu den originellsten Erscheinungen Wiens. Als die wegen ihrer spitzen Zunge auch »Mauline Petternich« genannte Aristokratin auf einer Gesellschaft zum ersten Mal Tango tanzende Paare sah, veranlaßte sie dies zu der Bemerkung: »Früher hat man solche Bewegungen nur im Bett gemacht.«

*

Ihr Ehemann Richard Fürst Metternich war einige Zeit österreichischer Botschafter in Paris, wo sich seine Gattin einer so bedeutenden gesellschaftlichen Stellung im französischen Kaiserhof erfreute, daß man an der Seine sagte: »Man weiß nicht, ist Fürst Richard bei Napoleon III. akkreditiert oder ist Napoleon III. bei Fürstin Pauline akkreditiert?«

*

Pauline war eine Enkelin des legendären Staatskanzlers Clemens Fürst Metternich. Und mit ihrem Ehemann Richard Metternich war sie direkt und sehr nahe verwandt – er war ein Halbbruder von Paulines Mutter. Nach ihrer Hochzeit kommentierte die Fürstin diesen Umstand mit den Worten: »Zuwider an der Heirat ist mir nur, daß ich jetzt meine eigene Tante bin!«

*

Ihr Blumenkorso im Prater war alljährlich *das* Ereignis von Wien. Und da jedes ihrer aufsehenerregenden Feste einem wohltätigen Zweck diente, war sie bald populärer als irgendeine andere Frau in Wien. Die Wiener besangen sie mit den Worten:

»Es gibt nur a Kaiserstadt,
Es gibt nur a Wien,
Es gibt nur a Fürstin,
Die Metternich Paulin'.«

Woran der Kaiser die Kaiserhymne erkennt

Über kaum eine Persönlichkeit der österreichischen Geschichte sind so viele Anekdoten in Umlauf wie über Kaiser Franz Joseph, der einmal zum amerikanischen Präsidenten Theodore Roosevelt sagte: »Der Sinn meines Amtes ist es, meine Völker vor ihren Politikern zu schützen.«

*

Veranstaltungen mit Künstlern liebte er besonders, und da er in seiner Jugend selbst ein ebenso begeisterter wie talentierter Zeichner war, ging der Monarch stets mit großem, echtem Interesse durch Ausstellungen. Über Jahrzehnte waren sie vom Historienmaler Hans Makart geprägt, doch als er bereits an die 80 war, mußte der Kaiser eine Kunstschau in der Wiener Secession eröffnen, deren völlig neue Stilelemente den alten Herrn ein wenig irritierten. Beim Hinausgehen sagte Franz Joseph nicht wie in den meisten Fällen: »Es war sehr schön, es hat mich sehr gefreut«, sondern: »Eigentlich hab ich's mir ärger vorgestellt.«

*

Weniger Beziehung als zur Malerei hatte der Kaiser zur Musik. Um es ganz deutlich zu sagen: Franz Joseph war vollkommen unmusikalisch, was er selbst einmal mit den Worten ausdrückte: »Die Kaiserhymne erkenne ich nur daran, daß sich alles von den Sitzen erhebt.«

*

Zu den vielen privaten Sorgen, die den Monarchen plagten, zählte auch die Tatsache, daß sein jüngerer Bruder Ludwig Viktor – »Luziwuzi« genannt – keinesfalls an Heirat dachte. Da dieser sich ausschließlich dem eigenen Geschlecht zugetan fühlte, wurde er von Franz Joseph vom Wiener Hof verbannt und nach

Schloß Kleßheim ins Salzburger Exil geschickt. Von dort drangen immer wieder Nachrichten von Affären des Erzherzogs mit ihm nahestehenden Offizieren in die Wiener Hofburg. Sorgenvoll meinte der Kaiser einmal: »Man müßt ihm als Adjutanten eine Ballerina geben, dann könnt nix passieren!«

*

Obwohl er sein Alter in großer Frische erleben durfte, erhielt der Kaiser – in Anbetracht der Bedeutung seines Gesundheitszustandes für die ganze Monarchie – täglich den Besuch seines Leibarztes Dr. Josef Kerzl. Die beiden Herren unterhielten sich dabei stets in angeregter Atmosphäre, wobei der Hofarzt den Monarchen ganz nebenbei nach dem jeweiligen Befinden zu fragen pflegte.
Als Dr. Kerzl eines Morgens wie immer zum Kaiser wollte, wurde er vom Kammerdiener Eugen Ketterl mit den Worten zurückgehalten: »Majestät bedauern lebhaft, den Herrn Doktor heute nicht empfangen zu können. Majestät fühlen sich nämlich nicht ganz wohl und bitten daher, erst morgen wieder zu ihm zu kommen.«

Des Kaisers Verwandtschaft

Erzherzog Franz Karl war der Vater Kaiser Franz Josephs, und er war auch der Vater des Kaisers Maximilian von Mexiko. Derselbe Franz Karl war aber auch der Sohn Kaiser Franz' I., und er war der Bruder Kaiser

Ferdinands I. Nur er selbst, der also vier Monarchen in der allernächsten Verwandtschaft vorzuweisen hatte, verzichtete 1848 – zugunsten seines ältesten Sohnes Franz Joseph – auf den Thron.

Franz Karl war ein leutseliger Herr, der vom höfischen Zeremoniell wenig hielt. Einmal wurde er von einem betagten Spaziergänger, der ihn nicht erkannte, auf der Straße in ein Gespräch verwickelt. Nach einiger Zeit fragte der Fremde: »Was is denn Ihna Ältester?« Franz Karl antwortete: »Kaiser!« Der Spaziergänger stutzte: »Und was is der zweite?« – »Auch Kaiser!« – »Was war denn nachher Ihna Vater?« – »Kaiser!« – »Und haben S' auch an Bruada?« – »Ja, der war auch Kaiser!« – »Und Sie«, fragte der alte Mann, der das Gespräch längst nicht mehr ernst nahm, »Sie san vielleicht auch a Kaiser?« – »Nein«, erwiderte Erzherzog Franz Karl lächelnd, »aber ich wär fast einer worden.«

*

Franz Karls älterer Bruder, Kaiser Ferdinand, wurde 1848 von der Revolution überrascht. Als die Wiener auf die Barrikaden stiegen und ein Ende der Metternichschen Polizeidiktatur forderten, fragte der »gütige« Kaiser Ferdinand: »Ja, derfen's denn des überhaupt?«

*

Ferdinand war der Onkel und Vorgänger Franz Josephs. Kaiser Karl, dessen Neffe und Nachfolger auf

dem Habsburgerthron, übernahm das Erbe in der schweren Zeit des Ersten Weltkrieges. Der junge Monarch ließ, so erzählte man, als einer seiner ersten Handlungen den Kriegsminister zu sich kommen und befahl: »Teilen Sie Ihren Generälen mit, daß die Schlamperei sofort aufzuhören hat. Von jetzt an wird gesiegt!«
Ein »Befehl«, der nicht ganz leicht zu befolgen war.

Kaiser Karl und der Burgtheater-Portier

Alma Seidler, Tochter des letzten k. u. k. Ministerpräsidenten Ernst Ritter von Seidler, gehörte dem Burgtheater ab dem Jahre 1918 an. Als Kaiser Karl seinen Regierungschef in den letzten Kriegstagen dringend sprechen wollte, wurde ihm mitgeteilt, daß dieser einer Premiere, in der seine Tochter spielte, beiwohnte. Also rief der Kaiser höchstpersönlich im Theater an, wobei der Portier am Apparat war. Er wolle, sagte der Monarch, den Ministerpräsidenten sprechen. Darauf der verdutzte Portier: »Ja, wer spricht denn da überhaupt?« – Der Kaiser: »Hier spricht Karl!« Unbeeindruckt fuhr der Portier fort: »Was für ein Karl? Ich kann doch die Exzellenz nicht aus der Loge herausholen, weil ein Karl am Telefon ist.« Nun erfolgte die Belehrung: »Ich bin der Kaiser Karl!« Worauf der entrüstete Portier das Gespräch durch Auflegen des Hörers beendete, nicht ohne vorher erklärt zu haben: »Also das könnt a jeder sagen!«

Kronprinz Rudolf geht ins Theater

»Wiener G'schichten« beinhalten natürlich eine geographische Verpflichtung. Aber: Ganz Wien war seinerzeit in den Sommermonaten in Bad Ischl »zu Hause«, und so darf ich mir ausnahmsweise erlauben, eine »Ischler G'schichte« zu erzählen. Die freilich doch wieder eine sehr wienerische ist.

Also: Im Ischler Kurtheater traten alljährlich die großen Wiener Schauspieler – allen voran Katharina Schratt und Alexander Girardi – auf. Allzugerne verbanden sie die Sommerferien mit diesem Engagement, das ihnen den Urlaub finanzierte. Die Direktion der kleinen Bühne war natürlich nicht nur stolz auf ihre Stars, sondern auch darauf, hin und wieder das eine oder andere Mitglied des Kaiserhauses in den Vorstellungen begrüßen zu dürfen.

Eines Abends, so erzählt man sich in Ischl, sei Kronprinz Rudolf ins Theater gekommen. Und der Sohn des Kaisers hätte den Logenschließer gefragt: »Ist Seine Majestät schon da?«

Der Angesprochene verbeugte sich umständlich und antwortete dann unter gröblichster Außerachtlassung jeglichen Hofzeremoniells: »Jawohl, der Herr Papa ist schon da!«

Empört über diese Respektlosigkeit, fragte der Kronprinz den Logenschließer: »Er ist wohl betrunken?«

Worauf dieser erwiderte: »Davon habe ich eigentlich nichts bemerkt. Jedenfalls ist er ganz schön grad und aufrecht hineingegangen.«

Regent und Dirigent

In der Wiener Hofburg wurde in früheren Jahrhunderten nicht nur regiert, sondern – in einigen Fällen – auch komponiert. Manch nüchtern wirkender Herrscher zeichnete sich durch außergewöhnliche Musikalität aus. Wobei Leopold I. und Joseph II. zu den großen diesbezüglichen Talenten im Hause Habsburg zählten. Nicht minder begabt war Karl VI., der Vater und Vorgänger Maria Theresias. Der Textdichter Apostolo Zeno attestierte dem Monarchen, er beherrsche Klavier und Geige »mit der größten Meisterschaft wie ein Professor«. Kaiser Karl komponierte etliche Opern und stand bei deren Uraufführungen auch selbst am Pult des alten Wiener Burgtheaters am Michaelerplatz (das damals noch Musikwerke im Repertoire hatte).
Er war Regent und Dirigent.

Die Musikbegeisterung des Kaisers ging so weit, daß er nicht nur seine eigenen Opern, sondern auch Schöpfungen anderer Komponisten dirigierte. So hob er die Oper »Elisa« seines Hofkompositeurs Joseph Fux höchstpersönlich aus der Taufe. Fux war von der Wiedergabe seines Werkes durch den kaiserlichen Maestro so angetan, daß er – das strenge Hofzeremoniell außer acht lassend – nach der Uraufführung ausrief: »Wie schade, daß Eure Majestät kein Virtuose geworden sind.«
Worauf Kaiser Karl erwiderte: »Macht nichts. Mir geht's auch so ganz gut!«

Wiener
Musik-G'schichten

Mozart und Beethoven waren zwar keine gebürtigen Wiener – Wolfgang Amadeus stammte bekanntlich aus Salzburg, Ludwig van aus Bonn –, aber es steht außer Zweifel, daß es zu einem gut Teil die Atmosphäre dieser Stadt war, die sie zu ihren unsterblichen Werken inspirierte.

Es gab nur eine einzige Begegnung der Titanen. Als der 17jährige Beethoven im März 1787 zum ersten Mal in Wien weilte, wurde er dem 14 Jahre älteren Mozart vorgestellt, der aber gerade an seinem »Don Giovanni« arbeitete und daher kaum Zeit fand, sich des Nachwuchstalents anzunehmen. Beethoven improvisierte ein paar Takte am Klavier, worauf Mozart zu Ludwigs Begleitern die prophetischen Worte sprach: »Auf den gebt acht, der wird einmal in der Welt von sich reden machen!«

*

Als Beethoven 1793 für immer nach Wien übersiedelte, war Mozart bereits seit zwei Jahren tot. Anders als Mozart, dem es zeitweise finanziell sehr schlecht ging, war Beethoven eher wohlhabend. Was nichts daran änderte, daß er in Wien ein einfaches, bescheidenes Leben führte. Eine Anekdote aus dem Gasthaus »Zum Schwan«, dessen Stammgast der als zerstreut und zerfahren bekannte Meister war, ist uns überliefert:

Beethoven setzte sich an einen Tisch und begann wie

immer sofort zu komponieren, wobei er sich so sehr in seine Noten vertiefte, daß er die Umwelt vollkommen vergaß. Als ihn der Ober nach seinem Wunsch fragte, reagierte Beethoven (der damals noch keineswegs schwerhörig war) nicht. Nach mehreren Stunden stand er, ohne irgend etwas konsumiert zu haben, von seiner Arbeit auf und rief: »Zahlen!«

*

Als er bereits weltberühmt war, pilgerte die Jugend zu Beethoven, wie einst er zu Mozart gepilgert war. Auch ein Nachwuchsmusiker, der freilich alles andere als talentiert war, wollte ihm sein Können beweisen. Beethoven hörte sich dessen Geklimper an und zog sich dann mit den Worten aus der Affäre: »Sie müssen noch lange spielen, ehe Sie einsehen werden, daß Sie nichts können!«
Sprach's und verabschiedete den jungen Mann.

Brahms als Wiener

Man sagt uns Wienern nach, wir hätten es verstanden, aus Hitler einen Deutschen, dafür aber aus Beethoven einen Österreicher zu »machen«. Bei dieser kleinen Verdrehung der Weltgeschichte wird meist ein Mann vergessen, den wir ebenfalls ganz gern für uns reklamieren, obwohl er eigentlich gebürtiger Hamburger war: Johannes Brahms hatte Wien zu seiner zweiten Heimat erwählt, das Musikgenie hat hier mehr als 20 Jahre gelebt – und ist hier auch gestorben. Längst haben wir Brahms »eingewienert«, sind doch an der Donau seine bedeutendsten Symphonien und Klavierkonzerte entstanden. Und die schönsten Brahms-Anekdoten.

Immer wieder ersuchten Nachwuchskünstler den berühmten Johannes Brahms um seine Meinung über ihr Werk. Einmal wurde ihm von einem jungen Wiener eine Komposition gesandt, wobei der Begleitbrief mit der Bitte um Begutachtung mit den Worten endete: »Wenn Sie etwas an meiner Partitur auszusetzen haben, dann dürfen Sie mir ruhig die Wahrheit sagen, Meister Brahms. Denn selbst wenn Ihr Urteil noch so vernichtend ausfällt, nichts würde mich mehr *adeln* als die Kritik von Johannes Brahms«.

Brahms sandte die Partitur mit der ebenso charmant verpackten wie vernichtenden Bemerkung zurück: »Mein lieber junger Kollege, ich möchte Sie am liebsten *zum Erzherzog ernennen* . . .«

*

Ein Mädchen wiederum wandte sich an Brahms, um ihn zu fragen, ob es eine Gesangskarriere wagen sollte. Nachdem sie ihm vorgesungen hatte, sagte die junge Frau: »Neues Kleid und Handschuhe habe ich schon gekauft.«

»Schade«, meinte Brahms, »sonst hätte ich geraten: Lieber nicht!«

*

Wer so oft und so hart urteilte wie Brahms, konnte natürlich auch irren. Als ihm der junge Hugo Wolf eines seiner frühen Lieder mit der Bitte schickte, »an den Stellen ein Kreuz zu machen, die Ihnen nicht gelungen erscheinen«, antwortete Brahms: »Ich kann Ihnen doch keinen Friedhof einrichten.«

*

Seine große Verbeugung vor Wien und der Wiener Musik machte Johannes Brahms durch ein paar schnell hingekritzelte Noten des Donauwalzers und die beigefügten Worte: »Leider nicht von mir. J. Brahms.«

Robert Stolz und der Tod Giuseppe Verdis

Mehr als 2000 Lieder, Konzertwalzer und Märsche hat er uns hinterlassen, 60 Operetten, Singspiele und Musicals, und zu fast 100 Tonfilmen hat er die Musik geschrieben. Einige der populärsten Wiener Melodien von Robert Stolz gelten längst als Volkslieder, darunter »Zwei Herzen im Dreivierteltakt«, »Servus Du«, »Mein Liebeslied muß ein Walzer sein«, »Die ganze Welt ist himmelblau«, »Im Prater blühn wieder die Bäume«.

Als blutjunger Kapellmeister war Robert Stolz am Deutschen Theater in Brünn engagiert, wo er schon nach wenigen Wochen für einen plötzlich erkrankten Kollegen kurzfristig einspringen und ohne vorherige Proben Verdis »Troubadour« dirigieren mußte. Im zweiten Akt der Oper warf Stolz einen flüchtigen Blick ins Publikum – und glaubte seinen Augen nicht trauen zu können. In der Ehrenloge saß ein älterer Herr mit grauem Vollbart, der dem jungen Kapellmeister skeptisch beim Dirigieren zuschaute. Für Stolz bestand kein Zweifel: Giuseppe Verdi, den er auf vielen Fotografien schon gesehen hatte, war persönlich in der Vorstellung und beobachtete, wie er, der gänzlich unerfahrene Musiker, zu einem seiner schönsten Werke den Taktstock schwang. Ohne Proben, ohne irgendeine Vorbereitung!

Stolz war am Boden zerstört, dirigierte aber weiter und nützte jede Gelegenheit, den eleganten Herrn in der Ehrenloge zu beobachten. Und schon bemerkte er, wie der Schöpfer des »Troubadour« wiederholt mißbilligend den Kopf schüttelte und mit den Fingern nervös auf die Logenbrüstung klopfte. Und dann kam der dritte Akt. Mitten in der Stretta sprang Giuseppe Verdi wütend auf und verließ in höchster Entrüstung die Loge, wobei er die Türe krachend – und im ganzen Haus vernehmbar – hinter sich zuwarf. Stolz fiel das Herz in die Hosen, jetzt war klar, daß seine Leistung als Dirigent offenbar Verdis uneingeschränkte Mißbilligung fand. Ein Unglück für einen jungen Künstler, eine Katastrophe!

Doch es sollte noch schlimmer kommen. Als Stolz nach dem Ende der Vorstellung gebrochen in seine Garderobe wankte, fand er dort einen von Windlichtern flankierten offenen Sarg vor. Und darin lag – Giuseppe Verdi! Regungslos und ohne jeden Zweifel soeben verstorben. Aus Gram darüber, wie Robert Stolz seinen »Troubadour« dirigiert hatte.
In dem Moment, als der gerade noch so vielversprechende junge Musiker aus verständlichen Gründen daran dachte, seine Karriere an den Nagel zu hängen, bemerkte er, wie sich der Tote zu regen begann. »Verdi« stand auf, nahm Bart und den Rest der perfekten Maske ab und gab sich als der ebenfalls in Brünn engagierte Wiener Gesangskomiker Gustav Müller zu erkennen, der die Komödie gemeinsam mit einem Kollegen ausgeheckt hatte. Die beiden hatten sich nur für einen Scherz revanchiert, den Robert Stolz ein paar Tage vorher ihnen angetan hatte ...

Toscanini in Wien

Als Arturo Toscanini 1929 sein legendäres Sensationsgastspiel an der Wiener Staatsoper absolvierte, dirigierte er – wie dies zu seinen Gepflogenheiten zählte – ohne Noten. Grund dafür war die extreme Kurzsichtigkeit des weltberühmten Dirigenten. Toscaninis Kollegen zeigten wenig Begeisterung für diese Marotte, die Schule zu machen drohte. Otto Klemperer sagte: »Nur weil dieser Mensch zu eitel ist, sich eine Brille aufzusetzen, müssen wir jetzt alle auswendig dirigieren.« Clemens Krauss, befragt, warum er nicht wie Toscanini auswendig dirigierte, meinte: »Warum denn? Ich kann ja Noten lesen!«

*

Als er in der Staatsoper eintraf, wurden Toscanini vorerst sämtliche Mitglieder der Wiener Philharmoniker vorgestellt. »Professor A. – Oboe, Professor B. – Klarinette, Professor C. – Geige . . .« Bei der ersten Probe zeigte sich Toscanini dann von den Leistungen der Musiker wenig begeistert. Und so kam es schon nach wenigen Minuten zu einem, für den Maestro typischen Wutanfall: »Jeder ist Professor«, brüllte er, »aber keiner kann spielen!«

*

Auf dem Programm standen Verdis »Falstaff« und Donizettis »Lucia di Lammermoor«. Bei beiden Premieren wurden sowohl Toscanini als auch die Philharmoniker umjubelt – selbstverständlich konnten »die Professoren« spielen. Die Begeisterung der Wiener war grenzenlos, und so wurde Toscanini nach unzähligen Verbeugungen und Vorhängen ein riesiger Blumenkranz überreicht. Doch der große Dirigent winkte böse ab: »So was schickt sich nur für Primadonnen und für Leichen. Ich bin weder das eine noch das andere.«

Hausmeister und Philharmoniker

Wiens Philharmoniker zählen ohne jeden Zweifel zu den besten Orchestern der Welt, doch sagt man ihnen eine kleine Schwäche nach: Wenn einer der Herren Professoren einen »Nebenjob« hat – zum Beispiel einen gutbezahlten Auftritt bei einer Firmenfeier –, dann kann er sich vom Dienst an der Staatsoper, in der die Philharmoniker jeden Abend spielen, frei nehmen. Er muß nur einen würdigen Vertreter schicken, einen sogenannten Substituten. Ein Vorgang, der sich unter den Mitgliedern des angesehenen Orchesters großer Beliebtheit erfreut.

In diesem Zusammenhang ist eine (natürlich schamlos übertriebene, aber dennoch realitätsnahe) Anekdote in Umlauf: Ein philharmonischer Geiger, der abends als Gast an einem Hauskonzert in erlauchter Gesellschaft teilnehmen soll, sagt zu seinem Hausmeister: »Herr Novak, da haben S' 300 Schilling, dafür spielen S' heut' für mich in der Oper!«

Der Hauswart, ein redlicher Mann, entgegnet entsetzt: »Aber Herr Professor, ich kann doch gar net Geige spielen.«

Darauf der Philharmoniker: »Das macht nix, Sie brauchen ja nur schauen, was die anderen machen – und dann tun S' dasselbe. Bei so vielen Geigern im Orchester fallt das gar net auf!«

Nach seinem lukrativen Auftritt in privatem Kreis läutet der Philharmoniker an der Tür des Hausmeisters und fragt: »Na, Herr Novak, wie war's?«

Der antwortet, völlig niedergeschlagen: »Die Vorstellung war eine einzige Katastrophe!«
»Warum denn das?« will der Geiger wissen.
»Es waren *nur* Hausmeister da!«

*

Der philharmonische Konzertmeister zu seiner Frau: »Stell dir vor, gestern träum ich, wir spielen ›Tosca‹ von Puccini. Ich wach auf – und wir spielen wirklich ›Tosca‹ von Puccini!«

Mahler oder Anstreicher?

Als der Dirigent Bruno Walter zur Jahrhundertwende von Gustav Mahler an die Wiener Hofoper engagiert wurde, hatte er gerade erst seinen eigentlichen Familiennamen Schlesinger abgelegt. Was seinen Kollegen Franz Schalk veranlaßte, ihn boshaft als »Herr Schlesinger von der Vogelweide« zu begrüßen.

*

Wie jeder Künstler litt Gustav Mahler darunter, wenn seine Arbeit als Dirigent von den Besuchern der Vorstellungen nicht die entsprechende Anerkennung fand. Als es nach einer Aufführung Buhrufe aus dem Publikum gab, sagte er zu den Mitgliedern des Philharmonischen Orchesters: »Muß man denn immer schon gestorben sein, damit einen die Leute hier leben lassen?«

*

Als Mahler eines Tages mit einer brennenden Zigarette – was selbstverständlich nicht gestattet ist – eine Probe auf der Opernbühne besuchte, wies ihn der diensthabende Feuerwehrmann zurecht: »Sie, Herr, was fällt Ihnen eigentlich ein? Wissen Sie net, daß das Rauchen hier verboten ist?«
»Was erlauben Sie sich«, gab Mahler zurück, »Sie scheinen nicht zu wissen, mit wem Sie reden. Ich bin Mahler!«
»Schon möglich«, sagte der Feuerwehrmann unbeeindruckt, »aber mir is des wurscht, ob aner Mahler oder Anstreicher is!«

*

Eines Tages öffnete Clemens Krauss in seinem Direktionszimmer in der Staatsoper die Post, entnahm ihr eine Todesanzeige, las sie und sagte dann: »Schon wieder der Falsche!«

*

Josef Hellmesberger war Hofkapellmeister und Konzertmeister der Wiener Philharmoniker, mit denen er auch zahlreiche Tourneen absolvierte. Im Wiener Musikverein war er als Geiger wie als Dirigent ein gerngesehener Gast. Als der Musikvereinssaal von einem großzügigen Gönner eine neue Orgel bekommen hatte, die leider sehr oft verstimmt war, sagte Hellmesberger – ein echtes Wiener Original – zu seinen verzweifelten Musikern: »Aber meine Herren, was regt's euch denn auf? Einer geschenkten Orgel schaut man nicht in die Gorgel!«

*

Karl Böhm hatte die Titel Generalmusikdirektor, Professor und Doktor juris. Und er war stolz auf jeden einzelnen. Bei einer Probe von Mozarts »Idomeneo« unterbrach ihn ein junger Philharmoniker immer wieder mit eher langweiligen Fragen. Als dieser zum vierten oder fünften Mal »Herr Böhm, wie meinen Sie das?« wissen wollte, machte ihm der Dirigent den Vorschlag: »Wissen S' was – sagen S' gleich Karl zu mir!«

*

Während einer »Don Giovanni«-Probenpause in der Staatsoper kamen die Sänger mit Karl Böhm ins Gespräch, dessen Sohn zu diesem Zeitpunkt einen Beethoven-Film drehte. Ein Chorsänger wollte wissen, wie der junge Schauspieler mit der schwierigen Rolle des Musikgenies fertig würde.
»Sehr gut«, erwiderte Dr. Böhm, »der Karlheinz ist einfach großartig. Der lebt sich so hinein in die Roll'n, daß er sogar schon schlecht hört. Hoffentlich gibt sich das wieder!«

Gesangsstars, die heute an der Wiener Staatsoper engagiert sind, erhalten die international üblichen Höchstgagen, die – in Fällen wie Carreras, Domingo oder Pavarotti – einige hunderttausend Schilling pro Abend betragen. Unmittelbar nach der Wiedereröffnung der Oper im Jahre 1955 war das keineswegs so, damals wurden die Sänger an anderen großen Häusern weit besser bezahlt als in Wien. Eine Anekdote aus der Direktionszeit Herbert von Karajans dokumentiert dies treffend:

Bei einer Probe von »Tristan« riß Birgit Nilsson die Perlenkette über dem Dekolleté, worauf die Perlen einzeln zu Boden fielen. Die Probe wurde unterbrochen und alle Mitglieder des Ensembles, inklusive Karajan, krochen auf allen vieren über die Bühne, um sich an der Perlensuche zu beteiligen. Als der Direktor und weltberühmte Dirigent seiner Lieblingssängerin eine Perle überreichte, sagte er: »Das sind herrliche Stücke, die haben Sie sicher von Ihrem Honorar an der Mailänder Scala erworben!«

»Leider nein«, sagte Birgit Nilsson. »Die Perlen sind bloß Imitation. Die habe ich mir von meiner Gage an der Wiener Staatsoper gekauft!«

*

Karajans Direktionszeit in Wien war zwar besonders glanzvoll, doch bemängelten Publikum und Presse, daß allzu viele Opern in der jeweiligen Originalsprache aufgeführt und daher von den Besuchern nicht verstanden würden. Verdi und Puccini ließ Karajan auf italienisch, Bizet und Debussy auf französisch spielen. Als dann noch Mussorgskys »Boris Godunov« in russischer Sprache aufgeführt wurde, bemerkte ein Mitglied der Wiener Philharmoniker mit beißendem Spott: »Am Ende kommt's noch soweit, daß der Chef die ›Zauberflöte‹ auf deutsch singen laßt.«

*

Die andauernden Vorwürfe, dem fremdsprachigen Repertoire allzu großen Vorzug gegeben zu haben, waren dann auch der Grund, daß Karajan 1964 die Direktionsgeschäfte der Wiener Staatsoper niederlegte.

Slezaks Hosen und die Welt

Leo Slezak zählte nicht nur zu den bedeutendsten Tenören, sondern auch zu den großen Originalen der Wiener Oper. 1901 von Gustav Mahler an die Hofoper engagiert, gastierte er von hier aus in aller Welt. Einmal reiste er mit einer in einer Hutschachtel verstauten Krone – die er für einen Auftritt in Holland benötigte – über die Grenze. Der Zollbeamte ließ die Schachtel öffnen, trat dann aber, als er des juwelenbehangenen Kopfschmucks ansichtig wurde, einen Schritt zurück und sagte devot: »Danke gehorsamst. Und ’tschuldigen bitte die Störung, kaiserliche Hoheit!«

*

Slezak-Parodien zählten zu den beliebtesten Nummern am Kabarett. In der Kleinkunstbühne »Literatur am Naschmarkt« wurde der Tenor vom Komiker Oskar Wegrostek parodiert. Slezak – von dem es hieß, daß er sogar im »Lohengrin« böhmakelte – saß im Publikum, amüsierte sich und gratulierte: »Großartig! Nur eines, lieber Wegrostek: Kannst du mir erklären, warum du so firchterlich behmakelst, wenn du mich spielst?«

*

Nichts liebte Slezak mehr, als seine Kollegen auf der Bühne in unangenehme Situationen zu bringen. In Wagners »Rheingold« umjubelt, flüsterte er während eines hochdramatischen Duetts seiner Partnerin zu: »Morgen ist Ostern – möchtest du lieber harte oder weiche Eier?«
Worauf diese, dem Textbuch gemäß, zu singen hatte: »Weiche, Wotan, weiche!« – Der Rest der Arie ging in lautem Gelächter unter.

*

In einer historischen »Zauberflöten«-Aufführung, die Gustav Mahler dirigierte, fing ein Stück des Bühnen-

vorhangs Feuer. Und zwar ausgerechnet in der Flötenszene Taminos, die Slezak – nach Ansicht von Direktor Mahler – regelmäßig verpatzte.
Slezak erkannte den Ernst der Situation: Um Gottes willen, nur weitersingen, sonst gibt's eine Panik! Schließlich saß der Schrecken nach dem Brand des Ringtheaters, bei dem 356 Menschen ums Leben gekommen waren, den Wienern noch in den Gliedern. Tatsächlich rief ein Besucher im Parterre »Feuer!«, worauf Slezak nach Leibeskräften in den Zuschauerraum schrie: »Sitzen bleiben, es ist schon alles vorbei!« Glücklicherweise konnte der Brand gelöscht werden, worauf sich das Publikum beruhigte und die Vorstellung ordnungsgemäß zu Ende ging.
Danach gratulierte Gustav Mahler dem berühmten Tenor: »Wissen Sie, lieber Slezak, daß Sie heute zum ersten Mal die Szene getroffen haben?« Und dann zu den Umstehenden gewendet: »Das Theater muß erst brennen, damit der Slezak richtig singt!«

*

Seine Anzüge ließ Slezak vom Wiener Schneider Stradner anfertigen. Eines Tages bestellte er bei ihm eine Hose. Zum Ärgernis des Sängers verstrich eine Woche nach der anderen, ohne daß das aus figürlichen Gründen äußerst weitgeschnittene Beinkleid fertig wurde. Slezak suchte den säumigen Meister auf und sagte zu ihm: »Gott hat die Welt in sieben Tagen geschaffen, Sie aber brauchen für eine Hose sieben Wochen!«

Da blickte Meister Stradner über seine Brillengläser hervor und sagte: »Das mag schon sein. Aber sehen Sie sich die Welt an, Herr Kammersänger. Und dann schauen Sie sich meine Hosen an!«

Sein Lied ging um die Welt

Der Tenor Joseph Schmidt, neben Slezak und Richard Tauber einer der populärsten Sänger seiner Zeit, hat uns in Hunderten Platten, die er in Wiener und Berliner Studios aufnahm, sensationelle Dokumente seiner sagenhaften Gesangsstimme hinterlassen. Der Mann mit der außergewöhnlich großen Stimme war aber von so kleinem Wuchs, daß man ihn fast nur im Rundfunk auftreten ließ – die Bühne sollte ihm verschlossen bleiben.
Und Schmidt litt darunter, daß er infolge seiner Körpergröße von nur 1,52 Meter kein Engagement an einem Opernhaus erhielt. »Schade, daß Sie nicht klein sind«, sagte einmal der von seinem Stimmvolumen begeisterte Dirigent Leo Blech zu ihm. Joseph Schmidt reagierte verwundert: »Aber ich bin doch klein«, worauf Blech meinte: »Sie sind leider nicht klein. Sie sind *zu* klein.«

*

In den Wiener Sophiensälen, in die der Tenor Ende der zwanziger Jahre als Ehrengast einer Ballveranstaltung

geladen war, erregte eine ausnehmend hübsche junge Dame seine Aufmerksamkeit. Schmidt ging an ihren Tisch und bat um den nächsten Tanz. Das Mädchen musterte ihn herablassend und sagte schnippisch: »Mit einem Kinde tanze ich nicht!«
Der Sänger reagierte schlagfertig: »Verzeihung, Gnädigste, ich hatte ja keine Ahnung, daß Sie ein Kind erwarten.«

*

»Ich liebe Ohren, die mir zuhören«, pflegte Schmidt zu sagen, »aber ich hasse Augen, die mich anstarren.« Trotz oder gerade wegen seines Handikaps machte er auch als Kinostar Weltkarriere. In dem Film »Ein Lied geht um die Welt« spielte der Publikumsliebling seine eigene Tragödie: die Geschichte eines Mannes, in dessen Stimme sich unzählige Mädchen verliebten, den sie aber wegen seiner geringen Körpergröße nur bemitleiden konnten.

Tragisch war vor allem das Ende des Tenors, den man auch den »kleinen Caruso« nannte. Joseph Schmidt starb 1942, nur 38 Jahre alt, in einem Internierungslager in der Schweiz – wohin er vor den Nazis geflüchtet war – an den Folgen einer fiebrigen Halsentzündung, die man nicht behandelt hatte. Sein Lied ging um die Welt – und verstummte, weil sich eben diese Welt als so grausam erwies.

Benatzky oder Benutzky?

Selbst dem genialsten unter den großen Komponisten ist's das eine oder andere Mal passiert: Er setzte sich ans Klavier und komponierte einen Schlager – den vor ihm schon ein anderer komponiert hatte. Das Problem kannte schon Robert Schumann, der einmal sagte: »Um zu komponieren, braucht man sich nur an eine Melodie zu erinnern, die noch niemandem eingefallen ist.«

*

Als Ralph Benatzky, dem Schöpfer des »Weißen Rößl«, nach einer Premiere vorgeworfen wurde, er hätte allzu viele Anleihen genommen, schrieb Anton Kuh eine Kritik, die mit den Worten endete: »Einige Melodien kommen mir sehr bekannt vor. Der Komponist *Benatz*ky sollte seinen Namen in *Benutz*ky umändern.«

*

Gleich mehrfachen Plagiats wurde der Wiener Operettenkomponist Fred Raymond bezichtigt. Raymond, der eigentlich Friedrich Vesely hieß und durch seine 1937 uraufgeführte »Maske in Blau« berühmt war, wurde am Tag nach der Premiere von seinem Kollegen Paul Abraham im Kaffeehaus angesprochen: »Fred, das war sehr hübsch gestern abend. Lauter gängige Melodien: Strauß, Lehár, Kálmán, Abraham. – Leider hast du am

Anfang des dritten Aktes einen eigenen Einfall gehabt. Damit hast du alles verdorben.«

*

Als man dem Komponisten Joseph Hellmesberger jun. vorwarf, viele seiner Melodien erinnerten an Mozart, erwiderte er in logischer Konsequenz: »Wissen Sie mir vielleicht einen besseren?«

*

Hellmesbergers Vater, der bereits erwähnte Konzertmeister der Wiener Philharmoniker, war geradezu darauf spezialisiert, »Musikdiebe« auf frischer Tat zu ertappen. Als 1892 Jules Massenets Oper »Werther« an der Wiener Hofoper uraufgeführt wurde, meinte Hellmesberger: »Bei der Oper vom Massenet is a Masse net vom Massenet!«
Und über eine Komposition seines Freundes Robert Fuchs sagte Hellmesberger: »Fuchs, die hast du ganz gestohlen!«

*

Franz Lehár wurde als Sachverständiger zu einem Plagiatsprozeß gerufen, in dem sich zwei junge Komponisten gegenseitig der Urheberrechtsverletzung bezichtigten. Die beiden Kontrahenten spielten auf einem Klavier, das man in den Gerichtssaal geschoben hatte, ihre

Kompositionen – die einander tatsächlich sehr ähnlich waren. Danach fragte der Vorsitzende: »Nun, Herr Lehár, wer ist hier der Geschädigte?« Worauf der Meister antwortete: »Ich würde sagen – Jacques Offenbach!«

*

Ähnliches ereignete sich nach den fast gleichzeitig gefeierten Erstaufführungen der Opern »Beatrice« von Bellini und »Paresina« von Donizetti. Als sich die beiden Komponisten kurz danach trafen, warf jeder dem anderen vor, er hätte eine bestimmte Melodie bei ihm abgeschrieben. Es kam zu keiner Einigung, man ging im Streit auseinander. Erst nach Wochen löste sich die »Affäre« durch einen Brief, den Donizetti an Bellini schickte: »Weißt du, von wem wir beide abgeschrieben haben? Von Carl Maria von Weber!«

*

Für seine 1920 komponierte Operette »Das Sperrsechserl« (Libretto: Alfred Grünwald und Robert Blum) hatte Robert Stolz ein Lied mit dem Titel »Vater Strauß, schau runter und hör den Applaus« geschrieben. In seinen Memoiren »Servus Du« berichtet Stolz: »Eher seltsam ging es mit diesem Lied zu, das starke Ähnlichkeit mit dem Hauptthema (Lara's Theme) aus dem Film ›Doktor Schiwago‹ hat. Ich will keineswegs unterstellen, daß jemand mir das Thema gestohlen hat

– aber um alle Zweifel zu zerstreuen, muß ich doch sagen, daß ich es gute vierzig Jahre, bevor ›Doktor Schiwago‹ entstand, geschrieben habe.«

*

»Gestohlen« wurde und wird natürlich nicht nur in der Musik, sondern auch in allen anderen Kunstgattungen, besonders aber in der Literatur: Die ganze Geistesgeschichte der Menschheit ist eine Geschichte von Diebstählen. Plato bestiehlt Sokrates, Augustinus bestiehlt Jesus. Goethe bestiehlt Shakespeare, Schopenhauer bestiehlt Kant. Und wenn einmal eine Stockung der geistigen Entwicklung der Menschen eintritt, so liegt immer der Grund darin, daß zuwenig gestohlen wird.

*

(PS: Und auch ich habe gestohlen. Der vorherige Absatz stammt von Egon Friedell, der sich mit dem Phänomen des Abschreibens in seinem Essay »Originalität« beschäftigte.
Womit mein Diebstahl zu guter Letzt doch noch in ein Zitat umgewandelt wurde.)

»Ausgerechnet Bananen!«

Die Frage »Wie wichtig ist der Text für den Erfolg eines Liedes?« beschäftigt mich schon seit Jahren. Wäre Johann Straußens »Fledermaus« vielleicht schon lange vergessen, hätte sie der Librettist nicht mit den faszinierenden Zeilen »Dui-du-dui-du-la-la-la-la-la-la« versehen? Pfiffen die Spatzen heute noch eine Melodie vom Dache, wäre sie nicht mit den zündenden Worten »Mein Papagei frißt keine harten Eier, er ist ein selten blödes Vieh« angereichert?

Fragen über Fragen, die unbeantwortet bleiben. Sehr wohl weiß ich hingegen, wie ein Schlagertext entsteht; das heißt, ich hab's mir in einem ganz konkreten Fall erklären lassen. Und zwar von Friedl Weiss, einer Künstlerin, die in den zwanziger und dreißiger Jahren als Soubrette in Wiener Kabaretts auftrat und damals mit dem bekannten Librettisten Dr. Fritz Löhner-Beda – dem wir unter anderem die Worte zu Lehárs »Land des Lächelns« verdanken – befreundet war. Eines Tages, so erzählt sie, betrat sie das Arbeitszimmer des Dichters, in dem dieser gerade händeringend nach Worten suchte: »Ich soll da einen deutschen Text zu einem amerikanischen Schlager schreiben«, sagte er zu ihr. »Und mir fällt beim besten Willen nix ein. Noch dazu soll das Wort ›Bananen‹ drin vorkommen.«

Ganz beiläufig reagierte Friedl Weiss: »Ausgerechnet Bananen!?«

Und konnte nicht ahnen, daß sie mit einem kleinen »Ausgerechnet« in Verbindung mit den »Bananen«

einem Weltschlager zum Durchbruch verhelfen sollte. Fritz Löhner-Beda, erzählte sie mir weiter, war übrigens fair genug, sie dann an den beachtlichen Tantiemen dieses Liedes zu beteiligen.
Friedl Weiss, die Kronzeugin dieser Geschichte, ist über 90 Jahre alt – und hat künstlerischen Nachwuchs in der Familie. Ihr Neffe ist der Schauspieler Ernst Stankovski.

Von der Achsel bis zur Himmelstür!

1936 feierte die Operette »Axel an der Himmelstür« im Theater an der Wien ihre fulminante Weltpremiere. Die Musik stammte von Ralph Benatzky, der Text von Hans Weigel. Zarah Leander, deren Karriere mit dieser Uraufführung ihren ersten Höhepunkt erreichte, spielte die weibliche Hauptrolle. Im zweiten Akt trat die schwedische Schönheit in einem atemberaubenden Abendkleid auf, das bald *das* Gesprächsthema Wiens war. Sagte ein Schauspieler, der sie – während er auf seinen Auftritt wartete – beobachtete: »Jetzt is klar, woher das Stück seinen Namen bezieht. Bei der Zarah sieht man von der Achsel bis zur Himmelstür!«

*

Ralph Benatzky trat mit seiner singenden Ehefrau Josma Selim in diversen Kabaretts auf, wobei die

Künstlerin ihren Vortrag stets stereotyp einleitete: »Text und Musik von Dr. Ralph Benatzky. Am Flügel der Komponist!« Diese Worte waren ihr derart in Fleisch und Blut übergegangen, daß sie sich sogar am Telefon meldete: »Hier Josma Selim. Am Flügel der Komponist!«

*

Im Kabarett »Literatur am Naschmarkt« parodierte die junge Heidemarie Hatheyer, während »Axel an der Himmelstür« im benachbarten Theater an der Wien lief, den Auftritt Zarah Leanders. Besonders umjubelt war der im typischen Leander-Timbre vorgetragene Schlager »Gebundene Hände«.
Begleitet wurde die Hatheyer bei dieser Parodie von einem Pianisten, den man nicht gerade als großen Virtuosen bezeichnen konnte. Als er eines Abends das Ensemble von »Axel an der Himmelstür« zu sich einlud, schrieb Hans Weigel dem wenig begabten Klavierspieler ins Stammbuch: »Gebundene Hände – dies wünscht Ihnen Ihr Hans Weigel.«

Heinz Holeceks Papageno-Debüt

Heinz Holecek, eine der großen Sängerpersönlichkeiten an der Wiener Staatsoper, wußte schon in seiner Gymnasialzeit, daß er zur Oper wollte. Als er das Bundesheer absolvierte, hatte er bereits einen Teil seiner

Gesangsausbildung am Konservatorium hinter sich gebracht. Um seinen gewaltigen Bariton zu schonen, bewegte er, als beim Exerzieren am Kasernenhof das Lied »Die blauen Dragoner, sie reiten« befohlen wurde, nur die Lippen und ließ die neben ihm in schwerer Ausrüstung samt Stahlhelm und Gasmaske marschierenden Kollegen ohne seine Unterstützung singen.

Dem aufmerksamen Stabswachtmeister war nicht entgangen, daß einer seiner Leute nur »markierte«. Er hielt die Kompanie an und ließ den Rekruten Holecek das Lied »strafweise« allein singen. Der sah die Chance für ein Solo gekommen, vergaß die Stimmschonung und schmetterte »Die blauen Dragoner« so laut und herzergreifend über den Hof der Fasangartenkaserne, »daß die Fenster schepperten«, wie er sich heute noch erinnert.

Der Unteroffizier faßte nicht, welch gewaltiges Stimmvolumen da zum Vorschein kam und unterbrach die künstlerische Darbietung mit den Worten: »Holecek, waren Sie vielleicht schon einmal beim Bundesheer, weil Sie gar so schön singen können?«

Eine andere Möglichkeit der Gesangsschulung lag offensichtlich außerhalb des Horizonts besagten Stabswachtmeisters.

*

1961 feierte Heinz Holecek dann sein Debüt an der Wiener Staatsoper. Der Papageno in der »Zauberflöte« sollte später eine seiner Glanzrollen werden, doch als

er – als Gast von der Volksoper geholt – zum ersten Mal damit an der Staatsoper auftrat, hatte er dort vorerst nicht einmal ein eigenes Kostüm. Es wurde aus zwei Teilen für ihn zusammengestellt: Die Papageno-Hosen stammten von Erich Kunz, der Oberteil des Vogelfänger-Kostüms von Walter Berry.
Am Beginn der Ouvertüre will Holecek in sein Federkleid schlüpfen – und stellt mit Schrecken fest, daß die beiden Teile von der Schneiderei vertauscht wurden: Das Beinkleid paßte Walter Berry und der Oberteil stammte von Erich Kunz. »Die Hosen sind mir bis zu den Knien gegangen«, erinnert sich Holecek, »dafür ist das Trikot sofort geplatzt, weil ich viel dicker bin als der Erich Kunz.«
Die Zeit war mehr als knapp. Da die Bundestheaterdepots im Hanuschhof abends versperrt sind, setzte sich ein fliegender Bote auf seine Harley-Davidson-Maschine und raste, viel schneller als erlaubt, zur Volksoper, wo Holecek – der dort oft schon als Papageno aufgetreten war – ein ihm passendes Kostüm hatte.
In der Volksoper erfuhr der fliegende Bote jedoch, daß sich die Kostüme an spielfreien Abenden in einem Bundestheater-Lager in Breitensee, weit draußen am Rande der Stadt, befänden. Der Bote raste, neuerlich unter Umgehung sämtlicher Geschwindigkeitsbegrenzungen, quer durch Wien, erhielt in Breitensee endlich das Kostüm, kehrte in die Staatsoper zurück und übergab Holecek das Gewand. Die ganze Aktion hatte rund zwanzig Minuten gedauert.
»Bei den Worten des Damenterzetts ›Du Jüngling

schön und liebevoll ...‹«, erzählt Heinz Holecek, »ist der Bote keuchend in die Garderobe gekommen, bei ›Du trauter Jüngling, lebe wohl‹ bin ich ins Kostüm geschlüpft, und Sekunden später, bei den Worten ›Daß ich dich wieder seh‹, war ich dann endlich angezogen.«
Holecek stürmte auf die Bühne und trat zum ersten Mal in seinem Leben an der Wiener Staatsoper auf. Abgehetzt zwar, aber genau aufs Stichwort. Innerlich ob der soeben überstandenen Aufregungen bebend, hob er an, als ob nichts passiert wäre: »Der Vogelfänger bin ich ja ...« Sein Papageno-Debüt war gerettet.

Ein G'spusi mit der Maly Nagl

Star der jetzt folgenden Wiener G'schichte – von der ich sozusagen als Kronzeuge berichten kann – ist die Maly Nagl. Als sie 1977 im Alter von 84 Jahren starb, konnte man in den Nachrufen lesen, mit ihr sei Wiens letzte Volkssängerin dahingegangen. Berühmt war sie durch die einzigartige Interpretation vieler Wienerlieder. Einige hat ihr Mann, Fritz Wolferl, getextet und komponiert.
Die Geschichte, auf die ich mich hier beziehe, muß ihren Ursprung, so wollen wir hoffen, noch in der Zeit vor der Eheschließung mit besagtem Herrn Wolferl haben. Auf einem Wienerliedfest, das ich vor etlichen Jahren besuchte, stellte der Conférencier die Ehrengäste vor: »Wir begrüßen Herrn Gemeinderat Sowieso«,

begann er, worauf sich ein wohlbeleibter Politiker erhob, verneigte und vom Publikum mit Applaus bedacht wurde. Ähnlich ging es weiter, als ein Bezirksvorsteher und, der Reihe nach, weitere Honoratioren auf Bezirksebene genannt wurden. Alle Bezirks- und Gemeinderäte erhoben sich bei Nennung ihrer Namen und wurden dafür mit freundlichem Applaus versehen. Endlich sagte der Conférencier: »Und jetzt begrüße ich den Michl Ableitinger!« Ein sehr gebrechlicher, alter Mann erhob sich recht mühsam und zeigte sich dem immer noch höflich applaudierenden Publikum, das sich gleichzeitig konsterniert fragte: »Wer, um Himmels willen, is der Michl Ableitinger?«
Es vergingen nur wenige Sekunden, ehe der Conférencier unsere Ratlosigkeit beendete: »Der Michl Ableitinger hat im Zwölferjahr mit der Maly Nagl a G'spusi g'habt.«
Ein schöner Anlaß, in die Geschichte eingegangen zu sein.

Wiener
Politik-G'schichten

Hiess Karl Renner eigentlich Anton?

Zweimal war Dr. Renner Österreichs Staatsoberhaupt. Das erste Mal wurde er nach dem Zusammenbruch der Monarchie im Jahre 1918 im Parlament auf der Wiener Ringstraße zum Staatskanzler der jungen Republik gewählt. Als der Umsturz vorbei war und Kaiser Karl bereits außer Landes war, gestand der damals 47jährige Sozialdemokrat: »Also, eines muß ich schon sagen: Wenn der alte Kaiser Franz Joseph noch gelebt hätt', hätten wir uns das nicht getraut!«

*

Zwei Jahre später mußte Renner zurücktreten, weil er eine Fortsetzung der Regierungskoalition anstrebte, sich aber in seiner eigenen Partei nicht durchsetzen konnte. Ein Redakteur des christlich-sozialen Witzblattes »Kikeriki« widmete Renner damals den folgenden »Nachruf«: »Aus Anlaß Ihres Rücktrittes drängt es mich zu einer feierlichen Danksagung für die treuen Dienste, die Sie, Herr Dr. Renner, als unfreiwilliger Mitarbeiter meinem Witzblatte geleistet haben. Wenn die Zeiten noch so stier, der Stoff noch so knapp war, ein Blick auf Ihre neueste Regierungshandlung genügte, und die gesuchte Dummheit war gefunden, die Nummer gerettet.«

*

1945 wurde Karl Renner erster Bundespräsident der Zweiten Republik. Aber das ist gar nicht so sicher, wie es scheint. War er doch 1870 gemeinsam mit einem Zwillingsbruder als eines von 18 Kindern einer armen Bauernfamilie in Mähren zur Welt gekommen. Um die beiden Knaben voneinander unterscheiden zu können, war Karl eine rote, seinem Bruder Anton eine blaue Schleife um den Arm gebunden worden. Während des Fütterns lösten sich die Schleifen, und von da an stand nicht mehr fest, wer Karl und wer Anton war. Renner selbst sagte mehrmals: »Ich glaube, ich bin der Anton und er ist der Karl!«

Julius Raab und das Wirtschaftswunder

Österreichs »Staatsvertragskanzler«, Julius Raab, von Freunden und Mitarbeitern »der große Schweiger« genannt, da er selbst nur das Allernotwendigste sprach und viel lieber zuhörte, fuhr eines Tages mit dem Auto vom Wiener Ballhausplatz nach Vorarlberg. Im niederösterreichischen Tullnerfeld sagte sein Sekretär, mit einem Blick auf die umliegenden Felder: »Das Getreide steht heuer schon ganz schön hoch.« Bis knapp vor Feldkirch wurde kein Wort mehr gewechselt, dann endlich meinte Raab: »Do a!«
Das war die gesamte Konversation während einer Fahrt von 600 Kilometern.

*

Als Kommerzialrat Zauner, Besitzer des traditionsreichen Cafés Landtmann vis-á-vis vom Burgtheater – in dem Raab täglich frühstückte und natürlich seine »Virginia« rauchte –, einmal den Mut aufbrachte, politisch anderer Meinung zu sein als der Kanzler, erwiderte Raab: »I mach Ihna an Vorschlag: I versteh nix davon, wia ma an Kaffee braut und werd Ihna auch weiterhin dabei net dreinreden. Dafür lassen Sie die Finger von der Politik, des is nämlich nix für Ihna.«

*

Nach der Rückkehr der österreichischen Regierungsdelegation, die 1955 die Staatsvertragsverhandlungen in Moskau erfolgreich beendet hatte, wurde der Bundeskanzler von einem deutschen Journalisten gefragt: »Warum haben die Russen eigentlich wirklich nachgegeben?«
Darauf Raab mit finsterer Miene: »Weil wir eine so furchterregende Nation sind!«

*

Aus einem Brief Julius Raabs, verfaßt Mitte der fünfziger Jahre, als sich der wirtschaftliche Aufschwung unseres Landes abzuzeichnen begann: »Die Deutschen verdanken das Wirtschaftswunder ihrem Fleiß, ihrer Strebsamkeit und Ausdauer. – Das österreichische Wirtschaftswunder ist hingegen wirklich ein Wunder!«

*

Ein Talent ging ihm neben seinen zahlreichen Qualitäten ab, hinterließ uns sein Sekretär Gottfried Heindl: Von Musik verstand Raab nichts, er konnte auch an den schönsten Melodien nur wenig Freude finden. In der Klinik von Professor Karl Fellinger traf er mit dessen Patienten König Ibn Saud von Saudi-Arabien zusammen, mit dem er sich mit Hilfe eines Dolmetschers lange und angeregt unterhielt. Als der Monarch auf Österreichs große Musiktradition zu sprechen kam und den Kanzler nach seinem Lieblingskomponisten fragte, schaute Raab den Dolmetscher hilflos an und meinte: »Sagen S' ihm halt irgendeinen!«

»Die Vier im Jeep«

Selbst den unangenehmeren Kapiteln ihrer Geschichte pflegen die Wiener noch heitere Seiten abzugewinnen. Eines davon ist die zehnjährige Zeit der vierfachen Besatzung durch amerikanische, britische, französische und russische Soldaten. Die »Befreier von Butter und Eier«, wie sie auch genannt wurden, hatten uns zwar von der Naziherrschaft erlöst, doch hätten wir auf ihre weitere Anwesenheit schon bald gerne verzichtet.
Obwohl die Erfahrungen, die wir im besonderen mit den Sowjets sammeln durften, nicht eben die besten waren, ließen sich die Wiener ihren Humor nicht rauben, und so ist bis heute manche Anekdote übriggeblieben, die uns immer noch zu einem Lächeln stimmen mag.

Englands Premierminister Churchill, Amerikas Präsident Truman und Sowjet-Diktator Stalin saßen im Sommer 1945 in Potsdam. Winston Churchill, erzählte man sich damals, zeigte der Runde stolz sein silbernes Zigarrenetui mit der Inschrift: »Unserem alten Winston – der Carlton Club.« Daraufhin ließ Harry S. Truman die Widmung seines Zigarrenetuis bewundern: »Für Harry – Deine Demokratische Partei der USA.« Schließlich reichte Stalin seine goldene Tabatiere herum, und Churchill und Truman lasen: »Unserem lieben Franzi Auersperg – der Wiener Jockey Club.«

*

Am Kabarett »Simpl« kamen »Die Vier im Jeep« damals in jedem Programm vor. Karl Farkas spielte den Amerikaner, Maxi Böhm den Franzosen, Heinz Conrads den Engländer, Fritz Muliar den Russen »Iwan«, und Fritz Heller trat als Figl-Karikatur »Poldi Österreicher« auf.

1951 zeichnete Farkas mit der Revue »Götz von Berlichingen« eine Zukunftsvision, derzufolge die Alliierten Wien erst 1988 (!) verlassen würden. Der Abschied spielte sich – auf der »Simpl«-Bühne – so ab:

POLDI ÖSTERREICHER (Heller): Aber meine Herren, verlassen S' mich net. Was soll ich denn anfangen, so ganz ohne Zensur und Besatzungssteuer? Und was sollen wir mit unserem Frauenüberschuß machen?

RUSSE(Muliar): Ich teile . . .

ÖSTERREICHER: Was?

RUSSE: ... Ihren Schmerz!

ÖSTERREICHER: Das überleb ich net (weint bitterlich).

AMERIKANER (Farkas): Seien Sie nicht traurig. Wir werden Sie weiter im Auge behalten.

ÖSTERREICHER: Auch das noch!

AMERIKANER: Wir werden auch in der Ferne an Sie denken.

ÖSTERREICHER: Schrecklich.

AMERIKANER: Und wenn die Friedenstaube brüllt, wenn an jedem roten Haus eine weiße Fahne weht ...

RUSSE: Und am Weißen Haus eine rote ...

AMERIKANER: Dann werden wir uns wiedersehen.

ÖSTERREICHER: Nein, bitte: Sie müssen bleiben. – Und ich wandere aus!!!

*

Glücklicherweise blieben sie nicht bis 1988, sondern zogen schon 1955 in Richtung Heimat ab. Doch auf »Die Vier im Jeep« wollte Farkas im »Simpl« auch nach deren Abzug nicht verzichten. Sie waren jetzt in ihrer Heimat und dachten verklärt – je nachdem – an Austria, Autriche oder Awstria. »Iwan« Muliar saß in einem »Sibirischen Nobelheurigen« und schwärmte von der guten, alten Zeit an der Donau: »Knapp vor unserem Abzug mußte ich noch den Sohn meiner Quartiersfrau zur Firmung führen.«
»Warum?« wurde er gefragt.

Iwans Antwort: »Er hat seine Uhr zurückhaben wollen!«

*

Ja, Uhren zählten zu den beliebtesten »Souvenirs« der Besatzer. Das wußte wohl jeder in dieser Stadt – mit Ausnahme einer Tante Paul Hörbigers, der mir folgendes berichtete: »Eines Tages stürmte eine schwerbewaffnete sowjetische Abordnung die Wohnung meiner Mutter in Mauer, in der auch meine Tante Karoline – eine besonders naive alte Dame – lebte. Die Russen forderten ihre Armbanduhr und herrschten Karoline an: »Uhra, Uhra!«
Worauf Paul Hörbigers Tante seiner Mutter zurief: »Leopoldine, die Herren Russen wollen wissen, wie spät es ist!«

»Es gibt nur einen Bundeskanzler!«

Österreichs längstdienender Regierungschef Bruno Kreisky, der ja mehrmals von sich behauptete, er wäre lieber Chefredakteur der »Arbeiter-Zeitung« als Parteichef geworden, war in jungen Jahren tatsächlich als Journalist tätig. Ein Korrektor warf ihm damals vor, daß er es mit der Beistrichsetzung nicht allzu genau nehme. Worauf Kreisky, als er wieder einmal ein Manuskript in die Setzerei brachte, eine vollbeschriebene

Seite beilegte, auf der sich nur Beistriche befanden. Zum Korrektor sagte er: »Da haben S' einen Haufen Beistriche. Machen S' damit, was Sie wollen!«

*

Johannes Kunz erzählt in seinem Kreisky-Anekdoten-Buch die folgende Episode: Der spätere Bundeskanzler begleitete, als er noch Legationsrat im Außenministerium war, die Politiker Leopold Figl und Adolf Schärf zu einem Staatsbesuch in eine europäische Monarchie, wobei – unter gröblicher Außerachtlassung des Protokolls – keiner der Herren einen Zylinder mitgenommen hatte. In letzter Minute ließ sich an Ort und Stelle eine der seltenen Kopfbedeckungen auftreiben, die aber derart beschaffen war, daß sie nur Kreisky, dem rangniedrigsten Delegationsmitglied, paßte. Die Lösung des Problems kann als durchaus »österreichisch« bezeichnet werden: Figl betrat den Audienzsaal des königlichen Hofes mit dem Zylinder in der Hand. Er übergab ihn in einem unbemerkten Augenblick an Schärf, der ihn wiederum nach einigen Minuten an Kreisky weiterreichte. Dieser konnte ihn dann protokollgemäß aufsetzen, als die drei Herren den Königspalast verließen ...

*

Kreisky war schon über siebzig und auf dem Höhepunkt seiner Popularität, als ihn sein kleiner Enkel Jan mit der Ankündigung überraschte, auch er wolle, wenn er einmal erwachsen ist, Bundeskanzler werden. Worauf der Großvater brummte: »Das wird leider nicht gehen. Es gibt nämlich nur einen Bundeskanzler!«

Wiener
Kabarett-G'schichten

Was ist ein Blitzdichter?

Der Beruf des Blitzdichters ist leider ausgestorben. Das heißt, es hat überhaupt nur einen einzigen Vertreter dieses Fachs gegeben. Und der hieß Karl Farkas. Er meldete sich 1922 beim damaligen »Simpl«-Chef Egon Dorn und sagte: »Herr Direktor, rufen Sie mir ein Thema, handelnde Personen, Sätze, Sprichworte oder Zitate zu. Und ich mach Ihnen in Sekundenschnelle ein Gedicht daraus.«

Der Direktor rief und war begeistert. Farkas hatte eine neue Kunstgattung geschaffen und war engagiert. Die »Simpl«-Besucher wollten von ihrem neuen Star vor allem Blitzgedichte auf die Namen populärer Personen hören. Sie riefen ihm Paula Wessely, Hans Moser, Leo Slezak, Reichsgräfin Triangi . . . zu. Und Farkas dichtete in Sekundenschnelle:

Die Frau, der ich mein Interesse lieh,
Das ist die Paula Wessely.

Oder:

Er ist ein famoser
Darsteller – der Moser!

Oder:

Glaubt mir, daß ich euch keinen Schmäh sag,
Der beste Sänger ist der Slezak.

Oder:

Die Reichsgräfin Triangi
Ging stets mit blütenweiße Handschi.

*

Kaum hatte Hitler in Berlin die Macht übernommen, kam es auch in den Wiener Kabaretts zu antisemitischen Äußerungen. Als Farkas wieder einmal als Blitzdichter auf der Bühne des »Simpl« stand, rief ihm ein Zuschauer das Wort »Judenbengel« zu. Farkas war auch dadurch nicht aus der Fassung zu bringen. Er nahm eine Rose aus der Vase eines Tisches in der ersten Reihe und sagte:

Das ist die Rose,
Hier ist der Stengel.
Ich bin der Jud' (auf den Zuschauer deutend):
Und dort sitzt der Bengel!

*

Nach dem Krieg, den er in den Vereinigten Staaten überlebt hatte, setzte der große Kabarettist seine Blitzdichtungen in der Radio-Livesendung »Was meinen Sie, Herr Farkas?«, in der ihn Hörer im Studio anrufen konnten, fort. Hier einige Beispiele.

FRAGE: »Herr Farkas, welches klassische Zitat ist Ihnen am geläufigsten?«

FARKAS: »Meine gute Erziehung verbietet es mir, es Ihnen zu nennen.«

FRAGE: »Wir haben heuer den scheußlichsten Sommer seit Jahrzehnten. Was sagen Sie dazu, Herr Farkas?«

FARKAS: »Sie haben vollkommen recht. Das Wetter verhält sich heuer nicht meteorologisch, sondern meteoro-unlogisch. Denn kaum hat's angefangen, mit dem Regnen aufzuhören, hat's schon wieder aufgehört, mit dem Schönwerden anzufangen.«

*

Es war am Höhepunkt des kalten Krieges, als Farkas den »Simpl«-Besucher Hans Joachim Kulenkampff im Zuschauerraum entdeckte. Ohne auch nur eine Sekunde nachzudenken, dichtete Farkas »blitz«: »Ich weiß nicht, meine Damen und Herren, wie es Ihnen ergeht. Aber ich hab lieber einen kulen Kampff als einen kalten Krieg!«

»Ich bin nicht der Armin Berg«

Armin Berg, mit dem Chanson »Schau ich weg von dem Fleck, ist der Überzieher weg« populär geworden, zählte zu den originellsten Kabarettisten der Zwischenkriegszeit. In diesen Jahren war er gemeinsam mit Hugo Wiener in der »Femina« angagiert. Eine der bildhübschen Tänzerinnen dieser eleganten Kabarett-Bar hatte im Parterre des damals als Sensation geltenden ersten Wiener Hochhauses ein Appartement gemietet. Als die beiden Freunde eines Tages durch die Herrengasse gingen, blickte sie zum Fenster hinaus. Armin Berg schaute zu ihrem Parterrefenster hinauf und fragte: »Dazu wohnen Sie im Hochhaus?«

*

Wie viele seiner Kollegen mußte Berg 1938 Wien verlassen, und er landete mit seiner Frau in New York, wo er sich – da er der englischen Sprache nicht mächtig war – in allen möglichen Berufen versuchte.
Im selben New Yorker Block wie der beliebte Komiker aus Wien wohnte eine dralle Amerikanerin, in die er sich verliebt hatte. Das Gefährliche an der Sache war, daß sich die Fenster seiner eigenen Wohnung genau jenen gegenüber befanden, die seiner Angebeteten gehörten. Immer wenn Armin Berg die Freundin besuchte, mußten also deren Vorhänge zugezogen werden, um zu vermeiden, daß das Liebesgeplänkel von der eigenen Frau Gemahlin beobachtet würde.
Prompt wurde diese Vorsichtsmaßnahme eines Tages unterlassen. Die Vorhänge blieben offen, und ausgerechnet in dem Augenblick, da Herr Berg die Geliebte mit stürmischen Küssen zu bedecken begann, blickte er im gegenüberliegenden Fenster seiner mehr als erstaunten Gemahlin ins Antlitz.
Wie hätten Sie in einer so prekären Situation reagiert? Armin Berg tat das folgende. Er schrie, mitten in New York, durchs geöffnete Fenster, quer durch den Hof des riesigen Wohnblocks, seiner Frau zu: »Ich bin nicht der Armin Berg!«
Ob sie's ihm geglaubt hat, ist nicht überliefert.

*

Nach dem Krieg kam Armin Berg zurück nach Wien, wo er bei Karl Farkas im »Simpl« auftrat. Zur Erledi-

gung einiger Formalitäten wurde Berg aufs amerikanische Konsulat gebeten. Man empfahl ihm, einen Englischdolmetsch mitzunehmen, doch Armin Berg lehnte ab: »Was brauch ich an Dolmetsch, ich hab acht Jahre in Amerika gelebt, ich kann perfekt Englisch.«
Erst als man ihm entgegenhielt, es könnten juridische Spitzfindigkeiten erörtert werden, die sich aus seiner Rückkehr ergäben, erklärte er sich bereit, einen Übersetzer mitzunehmen.
Armin Berg betrat die US-Behörde in der Wiener Schmidtgasse und wurde vom amerikanischen Konsul mit den Worten begrüßt: »How do you do, Mr. Berg?«
Worauf sich Armin Berg seinem Dolmetscher zuwandte und fragte:
»Was sagt er?«

Ich weiß nicht, was Armin Berg bei seiner amerikanischen Freundin gelernt hat – Englisch wird's wohl nicht gewesen sein!

Skandal nach einer Qualtinger-Parodie

Am 15. Februar 1958 strahlte das österreichische Fernsehen die Verfilmung des Franz-Werfel-Romans »Der veruntreute Himmel« aus. Die TV-Inszenierung wurde nicht nur zu einem der größten Erfolge des jungen Mediums, sondern auch zum Triumph für die Hauptdarstellerin Annie Rosar.

Ein paar Tage danach hatte Gerhard Bronner eine Kabarettsendung im Fernsehen, in der Helmut Qualtinger eine etwas boshafte, dafür aber täuschend ähnliche Parodie der Rosar zeigte. Es dauerte nicht lange, da meldete sich Annie Rosar telefonisch bei Fernsehdirektor Gerhard Freund. Sie war über die Imitation böse und beschwerte sich bitterlich darüber, daß Freund – gerade nach ihrem großen Fernseherfolg – so etwas zugelassen habe. Dem Direktor war die Sache überaus peinlich, einerseits versuchte er der großen Schauspielerin zu erklären, daß es für Kabarettisten keinerlei Zensur gebe, andererseits wollte er die alte Dame natürlich nicht verletzen.
Frau Rosar war jedenfalls nicht zu beruhigen, sie rief insgesamt sechsmal an und ging dem vielbeschäftigten Fernsehchef mit ihren Anrufen schon richtig auf die Nerven. Beim siebenten Mal ließ sich Gerhard Freund von seiner Sekretärin verleugnen, was ihm dann wieder leid tat, und so rief er kurze Zeit später in Annie Rosars Wohnung zurück.
Die Volksschauspielerin hob ab, hörte sich an, was Freund zu sagen hatte, und bemerkte dann mit großem Erstaunen: »Herr Direktor, ich habe Sie doch in meinem ganzen Leben noch nie angerufen!«
Wer war's? Der Qualtinger! Wie sich bald herausstellte, hatte er – jedesmal mit verstellter Stimme – den Fernsehdirektor »gepflanzt«.

Leonard Bernstein springt wirklich

Jahrzehntelang war Hans Moser Österreichs meistparodierter Schauspieler. Bei einem Frühlingsfest, so erzählte man sich, sei eine Preiskonkurrenz veranstaltet worden, bei der die drei besten Moser-Imitationen gekürt werden sollten. Moser habe aus Jux – maskiert wie alle anderen Bewerber – daran teilgenommen. Mit dem Ergebnis: Moser landete auf Platz drei!

*

Der unvergessene Komödiant Maxi Böhm ist uns auch als glänzender Imitator in Erinnerung geblieben. Einer der vielen, die er im Fernsehen meisterhaft parodierte, war Leonard Bernstein. Der Maestro hörte davon und wollte, als er das nächste Mal in Wien weilte, die Sendung sehen. Im ORF-Zentrum auf dem Küniglberg kam es zum Treffen Böhm-Bernstein. Der Dirigent sah sich das Videoband an, lachte Tränen, sagte aber dann einschränkend: »Mr. Böhm, ich springe doch beim Dirigieren nicht!«
Im Anschluß an die Vorführung sah sich Bernstein eine Übertragung aus der Londoner Albert Hall an, in der er ein Strawinsky-Konzert dirigiert hatte. Nach einiger Zeit wandte er sich an Böhm, der immer noch neben ihm saß, und flüsterte ihm zu: »Mr. Böhm, Sie haben recht. Ich springe wirklich!«

*

Oskar Werner hatte sich, als er noch Mitglied des Burgtheaters war, darauf spezialisiert, seinen Kollegen Raoul Aslan zu imitieren. Aslan, dem dies zu Ohren kam, sagte eines Tages in der Garderobe zu Werner: »Oskar, ich höre, daß du mich so gut nachmachst. Spiel mir das doch einmal vor!«
Oskar Werner sprach ein paar Sätze »als Aslan«. Doch als die Parodie zu Ende war, sagte Aslan enttäuscht zu seinem Parodisten: »Also, Oskar, ich weiß nicht, welcher: Aber einer von uns beiden ist schlecht!«

*

Wer in Wien prominent ist, der wird parodiert. Und wer in Wien parodiert, der ist sehr oft ebenfalls prominent.

Maxi Böhms grosse Chance

Ich kann mich noch gut an »Die große Chance«, jene Radiosendung, in der Maxi Böhm einst Hunderttausende begeisterte, erinnern. Viel mehr als ein Packerl Waschpulver konnten Heimhörer und Studiogäste des Senders »Rot-Weiß-Rot« nicht gewinnen, aber das war im Nachkriegs-Wien schon eine Sensation.
»Die große Chance« war nach dem Vorbild der amerikanischen Quizsendung »Double or Nothing« entstanden, deren Prinzip lautete: Entweder man verdoppelt

sein Startkapital – oder man bekommt gar nichts. Jede Frage schloß an die vorhergehende an: »An welchem Fluß liegt Wien?« – »An der Donau.« – »Wo entspringt die Donau?« – »Im Schwarzwald.« – »Wer komponierte die Operette ›Das Schwarzwaldmädel‹?« usw.
Maxi Böhm, laut Eigendefinition in dieser Zeit »der radioaktivste Österreicher«, wäre nicht er selbst gewesen, hätte er zwischendurch nicht auch Kostproben seines bewährten Humors geliefert. Also erfand er Scherzfragen: »Vier in einem Büro – aber nur einer arbeitet, was ist das?« Die Antwort: »Drei Beamte und ein Ventilator!« Oder: »Welchen Härtegrad hat Erdäpfelpüree?«, »Wann läutet der Großglockner?«, »Wann ist das tote Meer gestorben?« Oder: »Wie lange muß man die Arbeitslosenunterstützung beziehen, bis man pensionsberechtigt ist?«
Mitunter studierte er mit seinen Quizkandidaten auch kleine Doppelconférencen ein. Böhm: »Was sind Sie von Beruf?« – »Müde.« – »Wie alt sind Sie?« – »25.« – »Was wollen Sie werden?« – »26.« – »Zur ersten Frage: Wie groß ist das menschliche Gehirn?« Kandidat: »Ihres oder meines?« Böhm: »Weder noch, sondern das eines ganz normalen Menschen . . .«
Es war wie eine Seuche, die kriegsbedingt nach Humor ausgehungerten Wiener warteten Woche für Woche auf Maxi Böhm und wählten ihn 1950 zum populärsten Österreicher, humorbegabte Lehrer unterrichteten nur noch à la Maxi Böhm: Statt zu prüfen, veranstalteten sie Quizfragen, statt Waschpulver oder Bargeld gab's Radiergummis, Bleistifte oder gute Noten.

Waldbrunn hatte einen Nebenjob

Es war in den sechziger Jahren, als Ernst Waldbrunn und Maxi Böhm – die auch privat miteinander befreundet waren – im Café Prückel auf der Ringstraße bei einem Glas Wein saßen. Waldbrunn, der zur Probe in den »Simpl« mußte, stand auf, verabschiedete sich von seinem Freund und schlenderte zum Ausgang. Dort wandte er sich noch einmal dem Tisch seines Kollegen zu und rief laut quer durchs Lokal, so daß sämtliche Prückel-Gäste aufhorchten und ihre Zeitungen beiseite legten: »Beeeehm!« Er zog den Namen des Freundes in die Länge, damit's nur ja keiner überhören konnte: »Beeeeehm! Sag deiner Schwester, sie soll nicht morgen zum Fußbodenreiben kommen, ich hab schon jemanden!«

Sprach's und verschwand durch die Drehtür.

Die Herzlosigkeit des berühmten Maxi Böhm war daraufhin natürlich Tagesgespräch im Prückel. »Der hätte es seiner Schwester doch wirklich ersparen können«, tuschelte man, »daß sie in fremden Haushalten den Fußboden aufreiben muß.« Unnötig zu sagen, daß Böhm nie eine Schwester hatte, geschweige denn eine, die Waldbrunns Fußböden zu reinigen gehabt hätte.

Aber wie soll denn einer auf der Bühne Komödie spielen, wenn er nicht auch im Privatleben voll des Schabernacks ist?

*

Lange vor ihrer großen »Simpl«-Zeit waren Böhm und Waldbrunn gemeinsam im böhmischen Kurort Franzensbad engagiert. Auffallend war, daß Waldbrunn im dortigen Lokalblatt immer wieder als »Glanzpunkt der Aufführung« oder »geniale Lustspielrakete« Erwähnung fand, während von Maxi nur zu lesen war: »Herr Böhm hat einen trockenen Humor!«
Jahrzehnte später gestand Waldbrunn dem Freund, wer der Autor der Berichte gewesen sei. Er, Waldbrunn selbst, war in Franzensbad neben seinem Engagement am Theater auch als Kulturkritiker tätig.

Für Johann Strauss einen Zahn geopfert

Der »Simpl« auf der Wollzeile war einst die Stätte der Triumphe auch für Hugo Wiener und Cissy Kraner. Aus Wieners Feder stammen sowohl die legendären Doppelconférencen für Farkas–Waldbrunn als auch die Chansons für seine Frau: vom »Vorderzahn« über den »Vamp von Favoriten« bis zum »Novak«, der sie in all den Jahren nicht verkommen ließ. Dieses, ihr berühmtestes Lied, schrieb Hugo Wiener für die 1957 aufgeführte Revue »Wir sehen schwarz«, nachdem er im Urlaub die Bekanntschaft einer Nachwuchsschauspielerin namens Novak gemacht hatte, die tatsächlich von ihrem Mann behauptete: »Aber der Novak läßt mich nicht verkommen.«
In der so fruchtbaren Zusammenarbeit zwischen dem

Ehepaar Kraner–Wiener und Karl Farkas hat's von Anfang an gekriselt. Wiener hatte Farkas schon in der Zwischenkriegszeit kennengelernt. Und zwar vor Gericht, denn im »Simpl« wurden Programme gespielt, die Wiener für die »Femina« geschrieben hatte. Und Cissy Kraner war 1933 erstmals von Farkas engagiert und gleich darauf wieder gefeuert worden. Als dieser nämlich erfuhr, daß die junge Diseuse noch nicht sechzehn war.

*

Manchmal schreibt das Leben fast so komische Geschichten wie Hugo Wiener. Als er und seine Frau 1948 aus der Emigration heimkehrten, waren die Wiener glücklich, sie wiederzuhaben. Doch da es nicht möglich war, in der bombenzerstörten Stadt eine Wohnung zu bekommen, ging das Ehepaar schweren Herzens daran, die Zelte in der Heimat wieder abzubrechen, um nach Südamerika zurückzukehren.
Genau zu dieser Zeit sollte im Wiener Stadttheater Hugo Wieners Operette »Gruß und Kuß aus der Wachau« aufgeführt werden. Da schaltete sich der damalige Wohnungsstadtrat – und spätere Innenminister – Josef »Beppo« Afritsch ein. »Herr Wiener«, sagte er, »wir brauchen Leute wie Sie, Sie kriegen a Wohnung von der Gemeinde. Aber wir müssen an Akt anlegen.«
Der Akt wurde angelegt. Drei Jahre vergingen, ohne daß Hugo Wiener in Sachen Wohnung irgend etwas gehört hätte. Immerhin war es dem Ehepaar mittler-

weile durch Zufall gelungen, im vierten Wiener Bezirk eine private Mietwohnung zu ergattern. Da flatterte plötzlich ein Brief der Gemeinde ins Haus. »Ihr Gesuch um Zuerkennung einer Gemeindewohnung wurde abgelehnt.« Begründung: Es fehlte eine Stempelmarke in Höhe von S 1,–.
Wär's nach dem Amtsschimmel gegangen, wären Hugo und Cissy auch nach dem Krieg wieder in einer Bar in Bogota gelandet, statt im »Simpl« auf der Wollzeile.

*

Die gemeinsame Glanzzeit daselbst dauerte dann von 1949 bis 1965, ehe sich das Ehepaar endgültig und wiederum im Streit (diesmal ging's um Fernsehrechte) von Farkas trennte.
Keineswegs im »Simpl« handelt die folgende Kraner-Wiener-G'schichte. Die beiden wurden einmal von einem Industriellen engagiert, um bei einem Fest in dessen Villa aufzutreten. Sie kamen eine halbe Stunde vor ihrem Auftritt und warteten in einem Nebenraum, bis sie der Gastgeber als »Höhepunkt unseres heutigen Abends« ankündigte. »Und jetzt: Cissy Kraner und Hugo Wiener!«
Unter stürmischem Applaus betraten sie die improvisierte Bühne im Salon der Villa, schauten sich um – und glaubten ihren Augen nicht trauen zu können: Denn da war weit und breit kein Klavier!
Der Gastgeber hatte vergessen, eines zu besorgen.

»Zeitensprünge« hat Hugo Wiener seine Memoiren genannt, in denen er die dramatischen wie die amüsanten Stationen seines Lebens eindrucksvoll schildert. Sein Vater spielte noch als Pianist auf den Soireen von Johann Strauß. Eines Tages, erzählt Hugo Wiener, kam ein Hamburger Verehrer des »Walzerkönigs« namens Faster nach Wien, »um hier die Wohnung zu sehen, worin Strauß seine Kindheit und Jugend verbracht hatte, aber die war längst an einen Zahnarzt vermietet. Rasch entschlossen bekam Faster Zahnschmerzen, ließ sich einen Zahn ziehen, kam dadurch in die Wohnung und fand eine Fensterscheibe, in die Johann Strauß mit Datum 4. Juni 1850 seinen Namen geritzt hatte. Faster schnitt sie aus, ließ sich von Strauß die Echtheit bestätigen und fuhr nach Hamburg zurück, um ein gläsernes Autogramm reicher und um einen gesunden Zahn ärmer«.

*

»Sie sind mir zu lustig, junger Mann«, hatte Franz Lehár 1937 zu Hugo Wiener gesagt, der damals allzugern ein Operettenbuch für ihn geschrieben hätte. Daraus wurde nichts, dafür überliefert uns Wiener, daß der Komponist der »Lustigen Witwe« jedem seiner Danilos ein Foto mit den Zeilen »Dem besten Danilo, den ich je hatte« widmete. Louis Treumann erhielt diese Widmung ebenso wie Hubert Marischka, Johannes Heesters und 50 bis 100 andere. Für Lehár gab es keinen guten und keinen schlechten Danilo, für ihn waren alle die besten.

Wiener Literaten-G'schichten

Mein Kontakt mit Goethe

1991 wäre Johann Wolfgang von Goethe 242 Jahre alt gewesen. Ist das aber eine so gigantisch lange Zeitspanne, wie's auf den ersten Blick den Anschein hat? Mir kam's sehr kurz vor, als ich mich – wenige Monate vor seinem Tod im Februar 1991 – mit dem ehemaligen Burg- und Josefstadtschauspieler Hans Thimig unterhielt. Da merkte ich erst, wie schnell ein knappes Vierteljahrtausend an einem vorüberziehen kann. Und das kam so.

Hugo Thimig, der 90 Jahre alt gewordene Vater des ebenfalls 90 Jahre alt gewordenen Hans Thimig, hat seinem Sohn einmal erzählt, daß er als junger Burgschauspieler noch die greise k. k. Hof-Schauspielerin Amalie Haizinger kennengelernt hatte, die in ihrer Jugend wiederum mit Geheimrat Goethe persönlich bekannt war.

Ich befand mich also durch Hans Thimig in der geradezu unglaublichen Situation, einem Mann gegenüberzustehen, dessen Vater noch jemanden kannte, der Goethe kannte. So kurz können 242 Jahre sein.

Wie aber war Johann Wolfgang, wollte mein vor Neugierde brennendes Reporterherz wissen. Was haben uns Wiens große Mimen über Herrn von Goethe hinterlassen? Es müßte etwas ganz Bedeutsames sein, überlegte ich. Hatte der Geheimrat der Burgschauspielerin Amalie Haizinger etwa noch höchstpersönlich Anweisung erteilt, wie sie das Gretchen in »Faust« anzulegen hätte?

Wie also gab sich der Dichterfürst – genial oder albern, charmant oder arrogant, gesprächig oder einsilbig, witzig oder humorlos?
Die Antwort, die uns Frau Haizinger via zwei Generationen Thimig und eine Generation Markus hinterlassen hat, mag die Schar der Goethe-Anhänger enttäuschen. Von Hugo Thimig vor mehr als 100 Jahren befragt, dachte die Hofschauspielerin ein wenig nach und sagte dann: »Der Goethe, ja, ja, das is auch so ein alter Schweinehund gewesen!«
Das war's, was an Wiener G'schichten von einem der größten Genies aller Zeiten übrigblieb. Nicht sehr viel, aber doch eine kleine Facette vielleicht für die nächste Goethe-Biographie.

Schreckgespenst Theaterzensur

Zensur. Jahrhundertelang schwebte das Wort wie ein Damoklesschwert über den Häuptern der Wiener. Künstler und Wissenschaftler, aber auch der »kleine Mann«, der Angst haben mußte, im Kaffeehaus einen Witz zu erzählen, der die Obrigkeit kompromittieren könnte – sie alle fürchteten die allmächtigen Herren von der Zensur, wobei Übertretungen mit Gefängnisstrafen geahndet werden konnten.
Schriftsteller waren natürlich die Hauptleidtragenden. So wurde vor Ausbruch des Ersten Weltkriegs »Der Feldherrnhügel« von Roda Roda und Carl Roeßler mit

einem Aufführungsverbot belegt, wobei der zuständige Zensurbeamte den Autoren erklärte: »Dieses Stück wird nicht aufgeführt, solange die Monarchie besteht!« Worauf Roeßler zu seinem Co-Autor sagte: »Komm, Roda, geh' ma. Die paar Wochen wart' ma halt noch!«

*

Zu den kuriosesten Zensur-Fällen in der österreichischen Theatergeschichte zählte wohl das Verbot, Franz Grillparzers 1825 entstandenes Drama »König Ottokars Glück und Ende« aufzuführen, obwohl das Stück einer Verherrlichung des Herrscherhauses gleichkam. Als der Dichter Jahre später einen Hofrat der Hofzensurstelle nach den Beweggründen für die widersinnige Aufführungssperre fragte, antwortete der: »Ja, schaun S', Herr von Grillparzer. Daß in dem Stück nix G'fährliches drinsteht, hab i ja glei g'sehn. Aber i hab mir halt denkt: Man kann nie wissen!«
Wie sagte Karl Kraus so schön? »Satiren, die der Zensor versteht, werden mit Recht verboten.«

*

Als Nestroys Zauberspiel »Lumpazivagabundus« 1833 im Theater an der Wien uraufgeführt wurde, spielte überraschenderweise der kleine, kugelrunde Komiker Wenzel Scholz den Schneider Zwirn und der großgewachsene, spindeldürre Nestroy den Schuster Knieriem. Scholz baute in die Szene, die ihn mit Knieriem und Tischler Leim auf Wanderschaft zeigte, einen Floh ein und sagte, als er das kleine, braune Tier in seiner Hosentasche zu finden schien, zum Publikum gewendet: »'s is a Kapuziner!«

Verunglimpfungen staatlicher oder kirchlicher Stellen wurden von Metternichs Polizeizensur mit drakonischen Strafen geahndet, und so ging Wenzel Scholz wegen der kleinen Anspielung auf die braunen Kutten des Kapuzinerordens für acht Tage ins Gefängnis.

Kaum war er aus dem »Häfen«, strömten die Wiener ins Theater, schon weil sie begierig waren zu erfahren, wie sich der populäre Komiker für die einwöchige Freiheitsberaubung rächen würde. Die Szene kam, das Spiel wiederholte sich, Wenzel Scholz suchte den Floh, fand ihn und sagte in die äußerste Spannung des Publikums hinein: »'s is der nämliche!«

Das Publikum brüllte vor Lachen, jeder wußte, was gemeint war – aber die Behörde war machtlos, konnte nicht einschreiten.

*

Auch Nestroy mußte, weil er immer wieder gegen die Zensurvorschriften verstieß, mehrmals in den Arrest. Einmal hatte er nichts anderes getan, als sich auf der Bühne über die ewig zu klein geratenen Wiener Semmeln lustig zu machen. Von der Bäckerinnung verklagt und rechtskräftig verurteilt, ging er einmal mehr für 48 Stunden in Haft. Bei seinem ersten – von den Wienern natürlich umjubelten – Auftritt nach verbüßter Strafe ließ er sich auf offener Bühne von einem Kollegen befragen, wie die Verpflegung im Kerker gewesen sei. Worauf Nestroy reimte:

»Das Hungern, Freunderl,
Braucht im Arrest net zu sein,
Man warf mir die Semmeln
Durchs Schlüsselloch rein!

Damit mußte sich die Bäckerinnung geschlagen geben.

Johann Nestroy: Genie und Ekel

Johann Nestroy zählte, so wird überliefert, im persönlichen Umgang nicht unbedingt zu den freundlichsten Mitbürgern jener Zeit. Als Direktor des Wiener Carltheaters warf er einmal die berühmte Schauspielerin Josephine Gallmeyer hinaus, weil sie – wie er ihr recht uncharmant mitteilte – »zu häßlich« wäre, um bei ihm aufzutreten. Ähnliches Taktgefühl bewies der große Dichter ein anderes Mal, als sich ein junger, nicht übermäßig talentierter Schauspieler bei ihm darüber beschwerte, daß ihn die Kollegen von oben herab behandelten und nicht für voll nahmen. Nestroy sagte ebenso bissig, wie er auch auf der Bühne sein konnte: »Schau'n Sie, junger Mann, Schauspieler sind schreckliche Menschen, ein fürchterliches Volk. Sei'n S' froh, daß Sie keiner sind!«
Ein Genie kann sich so manches erlauben.

Franz Molnár muss früh aufstehen

Dem ungarischen Dichter Franz Molnár haben wir eines der großen Wiener Bühnenwerke zu verdanken, die in die Weltliteratur Eingang fanden: Die Vorstadtlegende um den Hutschenschleuderer »Liliom« wurde unter dem Titel »Carousel« jahrelang am New Yorker Broadway aufgeführt und hat den Autor unsterblich gemacht.
Molnár war ein echtes Original. Nach der Premiere seiner Komödie »Spiel im Schloß« im Jahre 1926 wurde ihm von Egon Erwin Kisch prophezeit: »Ich gebe dem Stück höchstens zehn Abende!« Als der Sensationserfolg nach zweieinhalb Jahren und insgesamt 850 ausverkauften Vorstellungen endlich abgesetzt wurde, begrüßte Molnár seinen Kritiker Kisch im Kaffeehaus mit den Worten: »Lieber Herr Kisch, Sie haben sich nur um 840 Abende geirrt!«

*

Mit Frauen hatte Molnár wenig Glück. Auch die Ehe mit der Operettendiva Sari Fedak ging nach kurzer Zeit und unter äußerst unschönen Umständen auseinander, was die Sängerin nicht hinderte, fortan unter dem klingenden Doppelnamen Sari Fedak-Molnár aufzutreten, um damit ihren verblassenden Ruhm ein wenig aufzupolieren.
Worauf der erboste Dichter ein Inserat mit folgendem Wortlaut in die Zeitung setzte: »Ich lege Wert darauf

kundzutun, daß Sari Fedak-Molnár nicht meine Mutter ist! Ferenc Molnár.«

*

Eine berühmte Molnár-Pointe hängt damit zusammen, daß der Boulevardautor begeisterter Spätaufsteher war. Als er jedoch eines Tages um 7.30 Uhr früh als Zeuge ins Wiener Landesgericht geladen war, mußte Molnár – der sonst nie vor Mittag sein Bett verließ – um sieben Uhr das Haus verlassen. Er betrat die noch in dichte Morgennebel gehüllte Straße und traute seinen Augen nicht. War sie doch von Hunderten Menschen bevölkert, die alle zu dieser für ihn so ungewöhnlichen Stunde ihrem Arbeitsplatz zustrebten. Molnár beobachtete das Getriebe fassungslos und fragte, als er ins Taxi stieg, seinen Fahrer: »Sind das lauter Zeugen?«
Eine andere Erklärung dafür, daß sich so viele Menschen zu dieser Zeit auf den Straßen bewegten, fand er nicht.

*

Franz Molnár hatte eine neue Haushaltshilfe, die sich nicht allzu geschickt anzustellen schien. Und er hatte auch wieder eine neue Frau, zu deren ersten Aufgaben es gehörte, die neue Perle in ihren Tätigkeitsbereich einzuweisen: »In der Früh machen Sie die Küche, dann das Schlafzimmer, danach das Bad usw. Das Wichtigste aber« – und bei diesen Worten schaute Frau Molnár

sehr streng – »das Wichtigste betrifft das Arbeitszimmer meines Mannes. Es darf nicht betreten werden, solange er im Haus ist. Denn mein Mann muß in Ruhe arbeiten. Und er wünscht es nicht, dabei gestört zu werden! Hören Sie: unter keinen Umständen!«
Schon nach wenigen Tagen kam es, wie es kommen mußte. Die Raumpflegerin öffnete die falsche Tür und stand in Franz Molnárs Arbeitszimmer.
Unbeeindruckt machte sie kehrt, ging zu ihrer Chefin und vertraute ihr an: »Gnädige Frau, ich war jetzt in Herrn Molnárs Arbeitszimmer. Aber was er Ihnen erzählt hat, stimmt gar nicht. Ihr Mann arbeitet überhaupt nichts. Er sitzt nur am Schreibtisch und schreibt!«

Csokor empfiehlt »Vatermord«

In den »wilden zwanziger Jahren« war Berlins Kulturleben fest in österreichischer Hand. An den dortigen Bühnen spielten die Wessely, der Moser, die Hörbiger-Brüder und die Thimigs, da gab's den Billy Wilder, den Willi Forst, Fritz Lang und Max Reinhardt – um nur einige zu nennen.
Das Burgtheater wollte an Berlins blühendem Kulturleben teilhaben und schickte den Schriftsteller Franz Theodor Csokor als »Spion« an die Spree. Er sollte dort Stücke erkunden, die auch für Wien geeignet wären. Csokor entschied sich für »Vatermord« von Arnolt Bronnen und drahtete nach Wien: »Empfehle Vater-

mord!« Auf der Rückfahrt wurde er an der Grenze festgenommen. Erst als Csokor nachweisen konnte, daß in dem abgefangenen Telegramm ein Theaterstück und keineswegs ein Kriminaldelikt vorgeschlagen wurde, durfte er die Heimreise fortsetzen.

Fünf Kaisersemmeln für Thomas Mann

Am 6. Juni 1955 feierte Thomas Mann seinen 80. Geburtstag. Zum Interview für die angesehene »New York Times« fand sich zu diesem Anlaß ein junger Journalist ein, der auch als Schriftsteller schon beachtliche Erfolge aufzuweisen hatte: Der gebürtige Wiener Frederic Morton, dessen »Rothschild«-Biographie später die Bestsellerlisten in aller Welt erobern sollte, hatte damals schon mit dem Buch »The darkness behind« auf sich aufmerksam gemacht. So sehr jedenfalls, daß ihm der große Thomas Mann zu dem Roman mit autobiographischen Zügen persönlich gratulierte. Das war auch der Grund, warum die »Times« Morton zum Interview mit ihm entsandte.
Thomas Mann, der mit seiner Frau Katja gerade in einem kleinen Hotelappartement samt angeschlossener Küche in Travemünde wohnte, hatte »The darkness behind« entnommen, daß der junge Wiener noch vor seinem Universitätsstudium in New York eine Bäckerlehre absolviert hatte. Als nun Morton infolge widriger Umstände zum Interviewtermin zu spät kam und sich dafür tausendmal entschuldigte, schlug Thomas Mann als

»Buße« vor, daß ihm Morton, statt ein weiteres Mal um Verzeihung zu bitten, ein paar Kaisersemmeln backe. Der Journalist mit Bäckereierfahrung rührte also den Teig an, nutzte die Zeit, die dieser zum Gären benötigte, für das Interview, um danach die Semmeln für den weltberühmten Schriftsteller und Nobelpreisträger zu backen.

So ist Thomas Mann in Travemünde zu fünf Wiener Kaisersemmeln gekommen.

Bahr, Brahms und Brehms Tierleben

Verwechslungen zählen zu den sichersten Lachern jeder Komödie. Manche Leute müssen freilich gar nicht ins Theater gehen, um eine solche Situation zu erleben. So wurde einmal der unvergleichliche Georg Kreisler (»Taubenvergiften im Park«) – der gemeinsam mit Helmut Qualtinger, Carl Merz und Gerhard Bronner Wiener Kabarettgeschichte schrieb – im Kaffeehaus von einem ihm nicht persönlich bekannten Herrn angesprochen: »Herr Kreisler, ich gratuliere Ihnen zu Ihrer Operette!« Georg Kreisler wunderte sich, ist doch die leichte Muse so gar nicht sein Fach.

»Operette?« fragte er.

»Ja«, meinte der Herr, »Sie haben doch gemeinsam mit Georg Marischka eine Operette geschrieben. ›Sissy‹ heißt sie«, fügte der Fremde dann noch wissend hinzu. Womit Georg Kreisler Opfer einer doppelten Verwechslung geworden war. Denn der Komponist der

Operette »Sissy« hieß zwar Kreisler, aber nicht Georg, sondern Fritz. Und der Textdichter war nicht Georg Marischka, sondern dessen Vater Hubert.

*

Ähnliche Erfahrungen machte Jahrzehnte vorher der Wiener Schriftsteller Hermann Bahr. Damals, zur Jahrhundertwende, lag der Ursprung so vieler Verwechslungen freilich darin, daß es gerade unter Künstlern üblich war, einen Bart zu tragen. Also wurde Bahr auf der Straße von einer jungen Dame gefragt, ob er nicht der Schriftsteller Däubler sei.
»Lassen Sie sich nicht durch meinen Bart verwirren«, sagte Bahr. Und fügte augenzwinkernd hinzu: »Ich bin nämlich Johannes Brahms!«
»Ach ja«, entschuldigte sich das Fräulein, »Sie haben doch dieses Buch geschrieben ... dieses ... ich hab's nämlich zu Hause.«
»Sie haben vollkommen recht«, sagte Bahr, der sich für Brahms ausgab: »Von mir stammt Brahms' Tierleben.«

Fritz Eckhardt hat sich verändert

Opfer einer Verwechslung wurde auch der unverwechselbare Fritz Eckhardt. Obwohl er sich als Schauspieler, Autor und Regisseur durch jahrzehntelange Theaterarbeit und vor allem als Fernsehstar (»Hallo, Hotel Sacher, Portier«, »Wenn der Vater mit dem Sohne«, »Tatort«) besonders großer Popularität erfreut, ist ihm

eines Tages folgendes widerfahren: Mit dem Wagen von Hamburg nach Wien unterwegs, wurde Eckhardt am Grenzposten Braunau von einem Zollbeamten freudig begrüßt: »Schön, daß Sie bei uns sind, Herr Knut!« Eckhardts Reaktion: »Aber der Gustav Knut ist doch schon tot!«
Daraufhin der Zollbeamte: »Ich hab mir eh denkt, daß Sie sich sehr verändert haben!«

Anton Kuh braucht Geld

Anton Kuh, legendärer Kaffeehausliterat der Zwischenkriegszeit, gehörte als Stammgast des Café Central in der Herrengasse dem Kreis um Peter Altenberg und Egon Friedell an. Da er seine ebenso witzigen wie geistreichen Feuilletons eher erzählte als niederschrieb, wurde Kuh von Freunden die Berufsbezeichnung »Sprechsteller« verpaßt. Das war er *noch* mehr als Schriftsteller.
Eines Tages war es wieder soweit, Anton Kuh, ein begnadeter Schnorrer, brauchte dringend Geld. Da er momentan selbst keine Idee hatte, die sich in einen Zeitungsartikel umsetzen ließ, tippte er ein wenige Wochen vorher in einem anderen Journal erschienenes Feuilleton Egon Friedells ab und schickte dieses, versehen mit seinem eigenen Namen, an eine Wiener Redaktion. Kuh, dem es immer wieder passierte, daß ihm aus Sympathie ein Vorschuß ausbezahlt wurde, ohne daß die Geschichte jemals erschien, hoffte, daß dies

auch diesmal der Fall sein würde. Und mußte zu seiner großen Verblüffung feststellen, daß ausgerechnet diese Glosse in Druck ging.

Einige Tage nach Erscheinen des Artikels erhielt er einen Brief des eigentlichen Urhebers Egon Friedell: »Sehr geehrter Herr«, hieß es da, »überrascht stelle ich fest, daß Sie meine bescheidene Erzählung ›Kaiser Josef und die Prostituierte‹ unverändert, nur unter Hinzufügung der Worte ›von Anton Kuh‹ veröffentlicht haben. Es ehrt mich selbstverständlich, daß Ihre Wahl auf meine kleine, launige Geschichte gefallen ist, da Ihnen doch die gesamte Weltliteratur seit Homer zur Verfügung stand. Ich hätte mich deshalb gerne revanchiert, aber nach Durchsicht Ihres Gesamtwerkes fand ich nichts, worunter ich meinen Namen hätte setzen mögen.«

An der Freundschaft Kuh-Friedell änderte die kleine Affäre nichts.

Wiener
Theater-G'schichten

Wer ist der beste Hamlet?

»In jedem Land muß man das jeweils Wichtigste sein«, sagte der große Schauspieler Alexander Moissi einmal und nannte als Beispiele: »In den Dolomiten eine Kuh, in Mexiko ein Sombrero und in Wien ein Burgschauspieler.«

Als er dann – als Hamlet – tatsächlich zum ersten Mal auf der ehrwürdigen Bühne des Burgtheaters stand, wurde Moissi Zeuge eines Gesprächs zweier alter Bühnenarbeiter.

»Der Sonnenthal war ein großartiger Hamlet«, sagte der eine, »der neue, dieser Moissi, ist auch ganz gut.«

Daraufhin der zweite Bühnenarbeiter: »Aber der Kainz, der war der beste!«

»Wieso?«

»Der war immer zwanzig Minuten früher fertig!«

*

Als Josef Kainz einmal gefragt wurde, warum er nie die Rolle des »Faust« gespielt habe, antwortete er: »Den ›Faust‹ kann nur ein wirklich bedeutender Mensch spielen. Und ein wirklich bedeutender Mensch wird nicht Schauspieler.«

*

Besagter Adolf Ritter von Sonnenthal war vor der Jahrhundertwende so populär, daß sich der modebewußte

Wiener wie er kleidete. Eines Tages setzte sich im Kaffeehaus ein aufdringlicher Mann zu ihm an den Tisch, der mit dem berühmten Mimen ins Gespräch kommen wollte. Als der Kellner kam, bestellte der durch einen Sprachfehler behinderte Kunstfreund etwas umständlich: »B-b-bringen S-sie m-mir Ka-Kaffee!«
Darauf Sonnenthal: »Mi-mi-mir a-auch!«
Der Fremde wunderte sich: »S-sie sind doch So-sonnenthal, S-sie stott-tern doch gar nicht!«
»Doch«, sagte Sonnenthal, »ich stottere in Wirklichkeit. Nur auf der Bühne simuliere ich!«

*

Das Burgtheater gastierte einmal mit einer Komödie des spanischen Dichters Lope de Vega in Steyr. Die Zuschauer klatschten eifrig, lachten aber so gut wie gar nicht.
Nach der Vorstellung fragte ein Schauspieler den Bürgermeister von Steyr, wie er sich diese Zurückhaltung beim wirklich humorvollen Inhalt des Dargebotenen erkläre.
»Na, hören S' amoi«, entgegnete der Politiker entrüstet, »den Kerl möcht' ich erwischen, der bei einer Aufführung des berühmten Burgtheaters zu lachen wagt!«

Nicht erst seit Claus Peymann steht der Posten des Burgtheaterdirektors im Blickpunkt der Öffentlichkeit. Einer seiner Vorgänger, Franz Freiherr von Dingelstedt, war vor mehr als hundert Jahren als besonders unverläßlicher Direktor verschrien. Als eines Tages in einer Wiener Zeitung eine kritische Notiz über mehrere Mitglieder seines Ensembles erschien, regte sich Dingelstedt furchtbar auf und stellte den Redakteur des Blattes zur Rede. »Was mich am meisten trifft«, brüllte der Direktor, »ist die Tatsache, daß die Leute glauben werden, ich hätte die Meldung selbst in die Welt gesetzt!«
»Aber Herr Baron, das ist vollkommen unmöglich«, beruhigte der Journalist, »in meinem Artikel steht doch ausdrücklich: ›Wie wir aus sicherer Quelle erfahren ...‹ Wer kommt denn da auf den Gedanken, daß Sie gemeint sein könnten?«

*

Heinrich Laube, der die »Burg« noch vor Dingelstedt leitete, war mit der Leistung eines jungen Schauspielers überhaupt nicht zufrieden und teilte ihm dies auch in aller Deutlichkeit mit. Am Ende der Unterredung schaute der verzweifelte Nachwuchsmime seinem Chef tief in die Augen und sagte mit tränenerstickter

Stimme: »Herr Direktor, Sie haben von meiner Liebe zur Kunst keine Vorstellung.«
Laubes Reaktion: »Auf keinen Fall eine gut besuchte!«

*

Wieder einem anderen Direktor warf ein Burgschauspieler nach einer abgelehnten Forderung um Erhöhung seiner Gage die nicht sehr schmeichelhaften Worte an den Kopf: »Herr Hofrat, Sie sind der größte Schuft, den ich je gesehen habe!«
Außer sich vor Zorn, sprang der Direktor auf und fragte: »War das jetzt Ernst oder Spaß?«
Der empörte Mime: »Das war mein vollster Ernst!«
Da beruhigte sich der Direktor wieder, setzte sich und meinte: »Dann ist es gut. Solche Späße vertrage ich nämlich nicht!«

Nachwuchs fürs Theater

»Gnädige Frau«, sagt der Theaterarzt zur jungen Sängerin, »ich kann Ihnen eine sehr erfreuliche Mitteilung machen . . .«
»Ich muß Sie bitten, Herr Doktor«, unterbricht die Künstlerin, »ich bin noch Fräulein.«
»Oh, dann muß ich Ihnen leider eine sehr unangenehme Mitteilung machen . . .«

Heut' ist's ja gottlob nicht mehr schlimm – aber in früheren Zeiten konnte es schon eine kleine Katastrophe sein, den Nachwuchs »außerehelich« zu erwarten. Selbst bei den Leuten vom Theater war das so.
Die große Sensation im Wien des Jahres 1895 war das Gastspiel der »Barrison-Sisters«, die mehrere Monate im Ronacher-Revuetheater sangen, tanzten und sich – für die damalige Zeit atemberaubend – »auf der Bühne in Spitzenhöschen zeigten«. Eine der Schwestern, deren Spitzenhöschen wohl einen Wiener Kavalier berauscht haben muß, ließ sich während des Engagements bei Ronacher-Direktor Waldmann melden, um diesen schluchzend auf ihren unmittelbar bevorstehenden Selbstmord hinzuweisen.
»Warum denn, um Gottes Willen?« fragt der schokkierte Prinzipal. Da erzählt die Tänzerin weinend, sie sei in anderen Umständen und außerstande, nach Hause zurückzukehren, weil sie ihrer Familie die Schande nicht antun könne. Dies sei der Grund, warum sie aus dem Leben zu scheiden gedenke.
Tröstend ergreift der Direktor ihre Hand und beruhigt das Mädchen mit den Worten: »Mein liebes Kind, was für ein Unsinn! Es ist nicht so schlimm, wie Sie denken. Ich kenne Ihr Fräulein Mutter. Und ich habe Ihr Fräulein Großmutter gekannt. – Sie können ruhigen Herzens nach Hause gehen!«

Der Haeusserman-Stammtisch

Ein langgezogener Tisch, wie er in jedem x-beliebigen Restaurant stehen könnte. Doch dieser hat Geschichte, war jahrzehntelang berühmtester Stammtisch des Landes. Hier trafen sich die Großen der Wiener Bühnen und die internationalen Stars. Curd Jürgens ist an diesem Tisch gesessen und Peter Ustinov, wann immer sie in Wien waren. Auch Senta Berger und Mel Ferrer, Helmut Lohner, Maximilian Schell, Klaus Maria Brandauer und Friedrich Dürrenmatt gehörten dazu. Ein Mann hat sie alle an diesem Tisch vereint: der langjährige Burgtheater- und Josefstadtdirektor Ernst Haeusserman.

Gäbe es eine Weltmeisterschaft im Stammtischsitzen, Haeusserman hätte sie haushoch gewonnen. Von Jugend an bis zu seinem Tod saß er mit präziser Regelmäßigkeit am Stammtisch. Ohne Unterbrechung, zweimal täglich, mittags und abends. In den fünfzig Jahren, da er seinen Stammtisch frequentierte, müssen es gut 30 000 Male gewesen sein.

Hauptanziehungspunkt für die illustre Tischgesellschaft war Haeusserman selbst. Ein Mann von geistvoller Ironie, dessen Pointen, wie aus der Pistole geschossen, immer ins Schwarze trafen.

Als etwa – um ein Beispiel zu nennen – das Mysterienspiel »Donnerstag« am Burgtheater Premiere hatte, war dessen Autor Fritz Hochwälder aus der Schweiz in seine Heimatstadt Wien und an den Stammtisch gekommen. Was Haeusserman weniger freute, war die

Tatsache, daß der Dramatiker, der den Beruf eines Tapezierers erlernt hatte, auch die Proben besuchte und mit ständig neuen Änderungswünschen Schauspieler und Regisseur nervös machte. Haeusserman wies ihn mit den Worten zurecht: »Hochwälder, Sie sind der zweitlästigste Tapezierer, den Österreich je hervorgebracht hat.«

*

Haeusserman hat den Künstler-Stammtisch nicht erfunden, aber er hat eine Tradition fortgesetzt, die so alt ist wie das Theater selbst. Guido Wieland hat die berühmten Bühnen-Stammtische noch gekannt: »Die Burgschauspieler gingen ins Café Dobner am Naschmarkt, Operette und Revue waren im Café Payer zu Hause. Verträge und geschäftliche Angelegenheiten wurden an den Stammtischen im Heinrichshof geregelt.«

Susi Nicoletti, Burgschauspielerin und Witwe Ernst Haeussermans, über die Vorliebe ihres Mannes für den Stammtisch: »Da er ein Mensch war, der nicht allein sein konnte, hat er hier alle seine Freunde versammelt.«

Die er durch Schlagfertigkeit zu begeistern wußte:

Als ihn eines Abends ein Schauspieler am Stammtisch fragte, ob er seiner Frau gestehen sollte, daß er eine Geliebte hätte, riet Haeusserman davon ab: »Im Leben eines jeden Mannes kommt einmal die Stunde der Wahrheit. Und dann heißt's lügen, lügen, lügen!«

Robert Jungbluth, oftmaliger Stammtischbesucher, Haeusserman-Freund und dessen Nachfolger als Direktor des Theaters in der Josefstadt, über das Stammtisch-Phänomen: »Haeusserman hatte nicht nur einen Stammtisch, sondern viele. Sein Stammtisch war immer dort, wo er sich gerade befand. Der letzte war im Restaurant Grünwald in Wien, weitere Stammtische hatte er in Salzburg und Los Angeles. Einmal hat er sogar anhand von Flugplänen errechnet, daß es möglich wäre, abends den Wiener Stammtisch zu besuchen, von hier über Paris mit der ›Concorde‹ nach Los Angeles zu fliegen, seine Freunde am dortigen Stammtisch zu treffen und am nächsten Abend schon wieder in Wien zu sitzen, ohne einen einzigen Stammtisch versäumt zu haben.«

*

Den Luxus hat er sich nicht gegönnt, aber zum Stichwort Luxus gibt es einen weiteren »echten Haeusserman«: Der Theaterdirektor war eines Abends Gast in der Villa des Industriellen Peter Landesmann, dessen reichhaltiges Buffet in Wien eine geradezu sagenhafte Berühmtheit erlangt hatte. Die Tische bogen sich auch diesmal wieder unter den erlesenen Gerichten, die in rauhen Mengen kredenzt wurden. Als Haeusserman die riesigen Schüsseln mit Lachs, Kaviar und Hummer erblickte, sagte er trocken: »Der Landesmann nagt am Hummertuch!«

Heinz Marecek, jahrelang fast täglicher Stammtisch-Gast, erinnert sich einer weiteren Haeusserman-Pointe: »Michaela Rosen sang im Fernsehen Liza Minnellis großen Schlager ›Willkommen, bienvenue, welcome‹ aus ›Cabaret‹. Haeusserman hörte sich ein paar Takte an und bemerkte: ›A leise Minnelli!‹«

*

Auch der »sporadischen Stammtisch-Besucherin« Marianne Nentwich hat Haeusserman einen seiner sprühenden Geistesblitze gewidmet. Sie sollte Hermann Bahrs »Konzert« probieren, als der Bühnenportier aufgeregt berichtete: »Herr Direktor, die Frau Nentwich läßt sich entschuldigen, sie kommt ein bisserl später zur Probe, weil sie die Stiegen hinuntergeflogen ist.«
»Das versteh ich nicht«, reagierte Haeusserman, »da müßte sie doch eigentlich ein bisserl früher kommen.«

*

Mit dem »Konzert« ging die Josefstadt 1975 auf Amerikatournee, wo Haeusserman, »der frische Luft haßte« (Marecek), schrecklich unter den Klimaanlagen litt, die dort in allen Theatern installiert sind. Verzweifelt saß er mit Hut und aufgestelltem Mantelkragen im Zuschauerraum und brummte: »Das einzige, was in Amerika nicht zieht – ist unser Stück!«

*

Sonja Sutter sagt, der Stammtisch hätte ihr »das Gefühl von Heimat vermittelt«. Als sie 1959 als blutjunges Mädchen nach Wien und ans Burgtheater kam, kannte sie niemanden und lernte am Stammtisch interessante Menschen kennen. Friedrich Torberg war darunter und Ingeborg Bachmann. Lotte Ledl, Inge Konradi und Marianne Chappuis zählten zu den ganz Treuen.
Einer übertraf sie alle: Josefstadt-Schauspieler Robert Werner saß dreißig Jahre lang fünfmal in der Woche am Stammtisch: »Es kamen im allgemeinen zwischen sieben und dreißig Leute. Nur wenn Haeusserman gerade an keinem Theater Direktor war, gab's eine Flaute . . .«

Als der damals 52jährige Haeusserman 1968 vom 66jährigen Kammerschauspieler Paul Hoffmann als Burgtheaterdirektor abgelöst wurde, tat dies Haeusserman am Stammtisch mit den Worten kund: »Ich habe mich entschlossen, mein Amt in ältere Hände zu legen!«

*

Als bei den Wiener Festspielen Calderons »Das Leben ist Traum« aufgeführt wurde, spielte Josef Meinrad einen Bettler, und eine bekannte Wiener Schauspielerin – nennen wir sie Maria Moralt – war in der Rolle der »Welt« zu sehen. Haeusserman, dem deren Darstellung gar nicht gefiel, kommentierte trocken: »Also, die Welt ist schon schlecht. Aber *so* schlecht wie die Moralt ist sie auch wieder nicht!«

Schwarzer Humor, mit makabren Pointen versehen, war Haeussermans besondere Stärke. Ein Herr, der zu den regelmäßigen Stammtisch-Besuchern zählte, war schwer krank, ein Bein mußte amputiert werden, kurze Zeit später starb er. Während der Sarg des Freundes in die Tiefen des Wiener Zentralfriedhofs gesenkt wurde, flüsterte Haeusserman einem neben ihm stehenden Begräbnisteilnehmer zu: »Jetzt ist er mit einem Bein im Grab!«

*

Nachdem im Mai 1981 der Papst bei einem Mordanschlag schwer verletzt wurde, mußte bei Johannes Paul II. vorübergehend ein künstlicher Darmausgang geschaffen werden. Haeusserman am Stammtisch: »Jetzt hat der Papst Probleme mit dem Heiligen Stuhl!«

*

Heute ist das »Grünwald« am Wiener Bauernmarkt, das Österreichs letzten Künstler-Stammtisch beherbergte, ein renommiertes vegetarisches Restaurant mit Namen Wrenkh. »Haeusserman muß sich im Grab umdrehen«, befürchten die Freunde, »aß er doch ausschließlich Fleisch, am liebsten Kalbsstelze, und als Nachspeise noch eine dicke Salamischeibe.«
Eine seiner letzten humorvoll gemeinten Pointen sollte

sich allzu bitter bewahrheiten. Als beim Begräbnis des Salzburger Festspielpräsidenten Josef Kaut der Priester die Trauergemeinde dazu aufrief, »auch für denjenigen zu beten, den Gott als nächsten zu sich berufen werde«, erzählte dies Haeusserman am selben Abend noch schmunzelnd am Stammtisch. Nicht ohne hinzuzufügen: »Und bei diesen Worten hat mich der Pfarrer so eigenartig ang'schaut.«
Es war nur eine von vielen Pointen, dachte auch Helmut Lohner, der neben ihm saß, doch ein Jahr später, am 11. Juni 1984, war Ernst Haeusserman tot, war tatsächlich er »als nächster abberufen« worden.
Vielleicht wollte der Liebe Gott nur ein paar seiner Pointen hören.

Wiener G'schichte aus Hollywood

Eine Pointe, in der er lediglich als Chronist dient, hat uns Haeusserman in seinem Buch »Mein Freund Henry« übermittelt:
Der Wiener Schauspieler Rudolf Forster war nach Hitlers Machtergreifung freiwillig in die USA emigriert, konnte aber beim dortigen Film nicht Fuß fassen. Und so kehrte er nach Kontaktnahme mit Propagandaminister Joseph Goebbels bei Nacht und Nebel ins Deutsche Reich zurück. Forsters spektakuläre Rückkehr war ein schwerer Schlag für die Emigranten, aber Hollywood hatte dem prominenten Schauspieler keine Chance gegeben.

Haeusserman, der – zeitweise als Assistent von Max Reinhardt – selbst in den USA lebte, war Zeuge einer kleinen Szene geworden, die für Forsters Entschluß zur Rückkehr bestimmend war. Haeusserman hatte eine Besprechung bei dem bekannten Filmagenten Paul Kohner in Hollywood, der ihn bei dieser Gelegenheit bat, einen Brief an Forster mitzunehmen. Kohner diktierte ihn in Haeussermans Anwesenheit: »Lieber Herr Forster, leider ist aus der Rolle nichts geworden. Man will niemanden mit ausländischem Akzent dafür. Gruß, Kohner.« Haeusserman übergab Forster das Schreiben, der es sofort öffnete, genau durchlas und dann – nicht wissend, daß dieser den Inhalt kannte – zu Ernst Haeusserman sagte: »Und wenn sie *noch* mehr zahlen: Ich mach es nicht!«

Zwei Karten für den »Jedermann«

Haeusserman, der Max Reinhardts »Jedermann«-Inszenierung für die Salzburger Festspiele betreute, war Nachtmensch und infolgedessen Langschläfer. Keiner hätte es je gewagt, ihn vor zehn Uhr vormittags zu stören. Nur einer: Wiens Staranwalt Dr. Michael Stern, seines Zeichens extremer Frühaufsteher, der täglich ab zwei Uhr nachts in seiner Kanzlei auf der Seilerstätte amtierte.

Eines Sommermorgens, es muß Mitte der siebziger Jahre gewesen sein, läutete in Haeussermans Wohnung an der Wiener Ringstraße das Telefon. Der Direktor wankte schlaftrunken zum Apparat, denn es war knapp nach fünf Uhr früh! Das Theater in der Josefstadt mußte brennen, anders war eine Störung zu dieser Stunde nicht denkbar.

Doch der Grund des Anrufes war ein anderer. »Hier spricht Dr. Stern«, verkündete die verdächtig ausgeruht wirkende Stimme auf der anderen Seite. Haeusserman ließ sich in einen nahen Fauteuil fallen und lauschte im Halbschlaf den wie immer brillanten Worten des Strafverteidigers. »Mein lieber Hofrat Haeusserman«, hob der alte Stern an, »wir kennen einander doch schon seit vielen Jahren, und da hab ich mir gedacht, es wär nett, wir würden uns du sagen.«

Haeusserman war gerührt, fühlte sich geehrt – nur eines konnte er sich nicht erklären: Warum die Verbrüderung ausgerechnet am Telefon und zu dieser Stunde erfolgen mußte. Sie riefen einander »Servus, Ernstl!« und »Servus, Michael!« zu, und als Haeusserman endlich den Hörer auflegen wollte, um die gestörte Nachtruhe wieder aufzunehmen, sagte der alte Stern: »Ach ja, lieber Ernstl, weil wir gerade so nett miteinander plaudern, hätt' ich eine Frage an dich: Hast du noch zwei ›Jedermann‹-Karten für den kommenden Sonntag?«

Und Haeusserman, der nichts wollte, als sich wieder hinlegen zu können, versprach, das Unmögliche möglich zu machen.

*

Er ist nicht einer der Lauten des Theaters, aber ein Manager, der unzählige Stars nach Wien holte, der in aller Welt ein gutes Stück Wiener Kultur präsentierte und einiges zur Blüte der großen Bühnen dieser Stadt beigetragen hat. Robert Jungbluth, einst Direktor des Theaters an der Wien, dann Stadthallenchef, 17 Jahre Bundestheater-»General« und seit 1988 gemeinsam mit Otto Schenk Direktor des Theaters in der Josefstadt, kennt Wiener G'schichten aus eigenem Erleben.

*

1980 sollte das Burgtheater mit Maxim Gorkis »Sommergästen« in Moskau gastieren. Doch die kommunistischen Behörden weigerten sich, dem Burgschauspieler Pavel Landowsky – einem tschechischen Regimekritiker – die Einreise zu genehmigen, und schlugen vor, seine Rolle mit einem anderen Schauspieler zu besetzen. Nachdem der damalige Bundeskanzler Bruno Kreisky diese Forderung abgelehnt hatte, gab auch Robert Jungbluth seine Meinung kund. Eingedenk der Tatsache, daß die Sowjets gerade erst über Afghanistan hergefallen waren, meinte er: »Die Russen können vielleicht Afghanistan besetzen. Aber nicht unsere Stücke!« Sprach's und sagte das Burgtheatergastspiel in Moskau ab.

Ein Jahr später wurde es nachgeholt. Selbstverständlich mit Landowsky.

1986 war die Wiener Staatsoper in Tokio zu Gast. Auf dem Programm stand Jules Massenets »Manon Lescaut«. Giuseppe Sinopoli dirigierte die Wiener Philharmoniker. Genauer gesagt: Er dirigierte die Wiener Philharmoniker – bis auf eines ihrer Mitglieder.
Was war geschehen? Ein Streicher hatte angekündigt, den Fujijama besteigen zu wollen, mit der Garantie, abends in der Vorstellung zu sein. Doch sein Platz im Orchestergraben des Bunka-Kaikan-Opernhauses blieb leer. Wie sich später herausstellte, war der Philharmoniker in einen so heftigen Sturm geraten, daß er Aufenthalt in einer Schutzhütte nehmen mußte. Als er die Türe des Holzhäuschens wieder öffnen wollte, blies ihm ein so starker Hurrikan entgegen, daß er darin zwei Tage lang »gefangen« war. Robert Jungbluth ließ eine großangelegte Polizei-Suchaktion einleiten – vergebens. »Manon Lescaut« wurde in Tokio, um ein Streichinstrument reduziert, aufgeführt.

*

Gertrude Grob-Prandl war ein verdientes Mitglied der Wiener Staatsoper, so daß es der Bundestheaterverwaltung in den fünfziger Jahren zur Ehre gereichte, von der berühmten Sängerin ein Porträtbild anfertigen zu lassen. Nach vielen Sitzungen, die die Sopranistin bei einem anerkannten Maler über sich ergehen ließ, wurde das Kunstwerk in die Direktion der Staatsoper gebracht. Es erwies sich – als Katastrophe. Niemand wollte das Bild haben, es wanderte von einem Lager zum anderen, von der Oper in die Bundestheaterdepots und wieder zurück. So war das Bild jahrzehntelang »auf Reisen«, damit es nur ja nicht irgendwo aufgehängt werden mußte.

Als Lorin Maazel 1982 Direktor der Wiener Staatsoper wurde, mietete er eine Villa in Grinzing. »An einer Wand seines Wohnzimmers fehlte ein Bild«, erinnert sich der damalige Bundestheater-Generalsekretär Jungbluth. »Ich führte Maazel in unser Depot – und er entschied sich für das Porträt der Kammersängerin Grob-Prandl.«

Alle waren überglücklich, für das wenig geliebte Kunstwerk endlich eine Bestimmung gefunden zu haben. Bis auf den Rechnungshof, dessen Beamte die Leihgabe »eines wertvollen Bildes« beanstandeten.

Als Maazel 1986 durch Claus Helmut Drese abgelöst wurde und seinen Wiener Wohnsitz auflöste, gelangte das Porträt der Kammersängerin Gertrude Grob-Prandl zurück an ihren Eigentümer. Seither ruht es wieder in einem Depot der Bundestheaterverwaltung. Gnädig verdeckt durch ein weißes Leinentuch, damit's auch dort niemand anschauen muß.

Wiener
Film-G'schichten

Willi Forst begann als »Sängerin«

Willi Forst, einer der Großen des Wiener Films, hat sowohl als Schauspieler wie auch als Regisseur Filmgeschichte geschrieben. Mit »Maskerade« entdeckte er die junge Paula Wessely fürs Kino, wir verdanken ihm aber auch Filme wie »Burgtheater«, »Operette« und »Bel ami«. Neben Moser–Hörbiger-Filmklassikern hinterließ uns der 1903 geborene Wiener Leinwand-Evergreens mit Leo Slezak, Curd Jürgens, Judith Holzmeister, Fritz Imhoff, Theo Lingen ...

Von seiner Entdeckung als Sänger und Schauspieler bis zu seiner großen Zeit als Filmregisseur war's ein weiter Weg, an dessen Beginn eine Episode steht, die ich Ihnen nicht vorenthalten möchte. Es war kurz nach dem Zusammenbruch der österreichisch-ungarischen Monarchie, als der 16jährige Willi Forst beim legendären Wiener Theateragenten Lippa vorsprach, der vollkommen blind war. Weil er dennoch gut »im Geschäft« bleiben wollte, versuchte der Agent – der als unvergleichliches Original beschrieben wird – seine Behinderung zu verbergen.

Wenn etwa eine Sängerin zu ihm kam, hörte er sich zuerst ihre Stimme an, um dann mit einem Griff auf ihren Busen in Erfahrung zu bringen, ob es sich um ein jüngeres oder älteres Semester handelte. Ausgerechnet als Willi Forst zum Vorsingen kam, um sein erstes Engagement anzutreten, verabsäumte Herr Lippa den wichtigen Griff zur Brust.

Und so empfahl der berühmte Impresario den jungen

Wiener ans Stadttheater von Teschen. Das Außergewöhnliche war: Herr Lippa hat Willi Forst dem dortigen Direktor als »erfolgversprechende Sängerin« vermittelt.
Man kann sich das Gesicht des Prinzipals vorstellen, als ein paar Tage später ein äußerst gutaussehender junger Mann namens Willi Forst bei der Tür hereinspazierte, um sein Engagement als »Sängerin« anzutreten.
Forst hat seinen Vertrag übrigens trotz männlichen Geschlechts bekommen, und zwar als jugendlicher Held mit Chorverpflichtung. Wenige Jahre später kam er nach Wien, wo dann seine große Karriere begann.

Probleme eines Stummfilmstars

Mit dem amerikanischen Tonfilm »Der Jazzsänger« wurde der Stummfilm 1927 weltweit zu Grabe getragen. Wenn's beim Wiener Film auch noch zwei Jahre dauern sollte, bis er zum Ton fand, so war die Entwicklung doch auch hier nicht aufzuhalten.
Die Filmproduzenten hatten anfangs gar keine Freude mit dem Ton. Während man nämlich einen aus Österreich, Holland oder Frankreich stammenden Stummfilm problemlos auch nach Amerika oder Australien verkaufen konnte, war dies beim Tonfilm – Synchronisation gab's ja damals noch keine – nicht möglich.
Besonders tragisch erschien die neue Erfindung jenen Schauspielern, die für den Tonfilm aus sprechtechni-

schen Gründen ungeeignet waren. Etliche Künstler wurden über Nacht arbeitslos, so mancher endete sogar durch Selbstmord.

Anton Pointner war einer der Stars aus der Stummfilmzeit, die sich im Tonfilm nicht durchsetzen konnten. Bei dem Wiener lag's daran, daß er Probleme mit der Aussprache gewisser Vokale hatte. So spielte er in einem Napoleon-Tonfilm einen Feldherrn, der dem Korsen zu melden hatte: »Majestät, ganz Europa liegt zu Ihren Füßen!«

Die Kamera läuft, Anton Pointner betritt die Szene, schwingt seinen Säbel großmächtig durch die Luft, salutiert und schreit:

»Majestät, ganz *Ei*ropa liegt ...

Der Regisseur unterbricht ihn. »Herr Pointner, nicht *Ei*ropa – *Eu*ropa müssen Sie sagen. Noch einmal, bitte!«

»Majestät, ganz *Ei*ropa ...

»Nicht aufregen, Kollege Pointner, ruhig bleiben, lassen Sie sich Zeit. Sie brauchen keine Angst zu haben. Sagen Sie nur *Eu*ropa, *Eu*ropa.«

Und so versuchte es der einstige Stummfilmstar noch einmal:

»Majestät, ganz *Ei*- ...«, um dann die mehr als berechtigte Frage zu stellen: »Herr Regisseur, kann i net Asien sagen?«

Anfang und Ende des Wiener Films

Nur die Erinnerung ist's, die uns von der legendären »Wien-Film« blieb. Österreichs einzige Filmproduktionsstätte war in den letzten Jahren der Monarchie von Alexander »Sascha« Graf Kolowrat in Sievering als »Sascha«-Film gegründet worden. Hier entstanden unvergeßliche Filme mit Alexander Girardi, Marlene Dietrich, Willi Forst, Hans Moser, Paul Hörbiger, Paula Wessely, Leo Slezak . . .

Das alles war schon Geschichte, als sich im Herbst 1945 im Café Prückel auf der zerstörten Ringstraße vier Wiener trafen und darüber nachdachten, wie man die zahlungsunfähig gewordene »Wien-Film« retten könnte. Sagt einer: »Mach ma an Film! Ich hab an reichen Fleischhauer, der gibt eine Million!«

Der zweite: »Großartig, ich weiß an reichen Gemüsehändler, der gibt auch a Million!«

Der dritte: »Und ich kenn an Schleichhändler, der gibt noch a Million. Macht drei Millionen, damit könnt ma an Film drehen. Wunderbar!«

Darauf der vierte: »Schön und gut, die Millionen sind ka Problem. Aber wer zahlt jetzt unseren Kaffee?«

Der Film ruft!

Filme zu drehen war für Schauspieler vom alten Schlag eine Art Todsünde. Niemand hat das so deutlich ausgesprochen wie die große Hof-Schauspielerin Rosa Albach-Retty, die mir über ihre weltberühmte Enkelin Romy Schneider sagte: »Sie ist leider keine Schauspielerin geworden. Nur Filmschauspielerin!«
Der Film zählte nichts in der Generation der Rosa Albach-Retty.

*

Emil Jannings war einer der ersten Theaterstars, die es nach der Jahrhundertwende wagten, Filme zu drehen. Sein Freund Werner Krauß war entsetzt: »Bist du verrückt, willst du deine Karriere ruinieren?« Jannings antwortete, fast entschuldigend: »Ich krieg für den Blödsinn 100 Kronen am Tag. Mach's doch auch.«
»Nie im Leben«, sagte Krauß, »mein Publikum wäre schockiert!«
»Pick dir einen Bart auf, dann wird dich keiner erkennen.« Mit Bart drehte Werner Krauß tatsächlich seinen ersten Film.

*

Anfang der zwanziger Jahre hat sich dann alles darum gerissen, Filme zu drehen, zumal das Nebeneinkommen die Theatergagen bei weitem überstieg. Diesen

Drang vieler Schauspieler, in einem Film mitzuspielen, haben Kollegen einmal ausgenützt, um sich mit dem Wiener Burgtheaterstar Franz Höbling einen Jux zu machen.

Einer ruft Höbling zu Hause an: »Hallo, hier spricht der Chefproduzent der Polli-Filmkunst, ich habe eine Hauptrolle in unserem nächsten Film zu vergeben. Hätten Sie Zeit?«

»Ja, bei mir wär's möglich«, ist Höbling außer sich vor Freude.

»Es ist aber eine schwierige Rolle, Meister Höbling.«

»Macht nichts, ich kann alles!«

»Können Sie singen?«

»Ja, ich bin schon in der Staatsoper aufgetreten!«

»Phantastisch! Können Sie tanzen?«

»Ja, perfekte Tanzausbildung!«

»Inklusive Step?«

»Selbstverständlich!«

»Können Sie fechten?«

»Kann ich auch.«

»Und wie steht's mit Reiten?«

»Ich hab schon Turniere gewonnen!«

»Höbling, Sie sind unser Mann. Wie schauen Sie denn aus?«

Der Schauspieler richtet seine imposante Figur auf und sagt: »Ich bin groß und blond.«

»Schade«, meint der »Produzent«, »ich brauche einen kleinen Schwarzen. Auf Wiederhören.«

Wiener Journalisten-G'schichten

Billy Wilder bildet den idealen Übergang von den Film- zu den Journalisten-G'schichten. Der Hollywood-Regisseur, den Welterfolge wie »Reporter des Satans«, »Zeugin der Anklage«, »Manche mögen's heiß«, »Irma la Douce« oder »Extrablatt« unsterblich machten, hat in den zwanziger Jahren in Wien als kleiner Reporter der Tageszeitung »Die Stunde« begonnen.

Als ich ihn einmal in Los Angeles traf, erzählte er mir die folgende Geschichte: »Mein Chefredakteur hatte mir den Auftrag erteilt, eine der damals überaus beliebten ›Prominentenumfragen‹ durchzuführen. Nach Mussolinis Machtergreifung in Rom sollte ich vier Herren zum Thema ›Faschismus‹ interviewen. Und das waren keine Geringeren als Richard Strauss, Arthur Schnitzler, Alfred Adler und Sigmund Freud. Und da die Zeit drängte, besuchte ich sie alle an einem einzigen Tag.«

Die schönste Erinnerung verbindet Billy Wilder mit Freud. »Ich kam in seine Wohnung in der Berggasse und gab dem Dienstmädchen meine Visitkarte. Während ich im Salon wartete, sah ich durch eine Türe das Zimmer mit der berühmten Couch, über die ein türkischer Teppich gebreitet war. Bald danach kam Freud aus dem Eßzimmer, die Serviette noch um den Hals gebunden, er schaute auf meine Karte und fragte: ›Sind Sie Herr Wilder?‹ Ich antwortete: ›Jawohl, Herr Professor!‹ Dann fragte er: ›Sie sind von der Stunde?‹ Ich

sagte wieder: ›Jawohl, Herr Professor.‹. Darauf sagte er: ›Dort ist die Tür!‹ Er warf mich hinaus, weil er Reporter nicht leiden konnte.«
Wer außer Billy Wilder kann schon von sich behaupten, daß er von Sigmund Freud bei der Tür hinausgeworfen wurde.

Schnurren von Zeitungsleuten

»Der rasende Reporter« Egon Erwin Kisch erzählte die Geschichte eines alten, seit langem pensionierten Journalisten, der trotz seiner achtzig Jahre immer noch Tag für Tag in die Redaktion kam und dort – wie einst in seiner Glanzzeit – Leitartikel schrieb. Es war eine Art Beschäftigungstherapie, zumal seine Feuilletons längst nicht mehr in Druck gingen. Im Jahre 1923 floß es nach einem ganz Wien schockierenden Skandalfall bedeutungsvoll aus seiner Feder: »Mich wundert nur, daß Seine Majestät, der Kaiser, in diesen erschütternden Korruptionsfall nicht einzugreifen gedachte.«
Kisch, dem der Text des alten Herrn zufällig in die Hände fiel, stellte den Autor, um ihn freundschaftlich auf den offensichtlichen Fehler aufmerksam zu machen: »Herr Kollege, Sie müssen sich irren, wir haben doch längst keinen Kaiser mehr. Wir leben seit fünf Jahren in einer Republik!«
»Das ist wieder typisch«, entgegnete der altgediente Re-

dakteur mit einer resignierenden Handbewegung. »Mir sagt ja keiner was.«

*

Zu erwähnen wäre auch die Geschichte eines Sensationsautors, der recht gut davon lebte, für ein wöchentlich erscheinendes Groschenheft Fortsetzungsromane zu schreiben. Je blutrünstiger die einzelnen Folgen waren, desto besser kamen sie beim Publikum an. Daher entschloß sich der Verleger der Zeitung, dem Starschreiber für jede auf unnatürliche Weise sterbende Person seiner Handlung ein Sonderhonorar von fünfzig Kronen zu zahlen. Als aber eine Folge mit dem Satz endete: »Unter solch düsteren Vorzeichen stach der Schnelldampfer mit seinen dreitausend Passagieren in See.«, drahtete der Verleger vorsorglich: »Falls Schiff untergeht, zahle ich nur Pauschalhonorar.«

*

Unangenehmes unterlief dem Ischler Korrespondenten eines Wiener Blattes, in dem nach einem sommerlichen Ausflug Kaiser Franz Josephs auf die »Hohe Schrott« zu lesen war: »Seine Majestät bestieg gestern in bester Verfassung die Hohe Schratt.«

*

Mein Freund Roman Schliesser, als »Adabei« der »Kronen-Zeitung« längst schon eine Legende, war – ehe er sich in den feinen Lokalen herumtrieb – Redakteur des »Express«. In dieser Funktion hatte er ebenfalls mit »Lokalen« zu tun. Mit viel weniger feinen freilich. War er doch der Lokalchef dieser Tageszeitung. Das Ressort »Lokales« beschäftigt sich vorrangig mit Mördern, Räubern und in ähnlichem Milieu tätigen Personen, die sehr wenig mit seinem späteren Umgang in den Reihen der oberen Zehntausend gemein haben.
Ein geschickter Lokalreporter muß nicht unbedingt ein guter Schreiber sein. Es gibt wichtige Mitarbeiter in diesem Ressort, die sich in jahrzehntelanger Tätigkeit exzellente Kontakte zu den Polizei- und Gendarmeriebehörden aufbauen konnten und so zu den begehrten »Exklusivstorys« gelangen. Wer am schnellsten erfährt, wo was passiert ist, der ist der Beste.
Zu ihnen zählte der Lokalreporter Hans K., den die Polizisten sogar des Nachts zu Hause anriefen, wenn irgendwo in Wien »was los« war. Er war eine Säule seiner Zeitung – aber großer Schreiber war er keiner. Zu jener Zeit gehörte es zu den Aufgaben des Lokalchefs Roman Schliesser, K.'s Beiträge »umzuschreiben«.
Unvergessen für Schliesser bleibt ein Satz, den sein Reporter eines Tages nach einem besonders grausamen Mordfall zu Papier gebracht hatte: »Da blieb dem Auge des Gesetzes vor Schreck der Mund offen!«

*

Apropos »Lokales«: In einer anderen Wiener Zeitung meldete sich ein junger Mann, der unbedingt Journalist werden wollte, obwohl er von seinen Eltern dazu ausersehen war, deren gutgehende Bäckerei zu übernehmen. Tatsächlich wurde er probeweise, auf »Zeilenhonorar«-Basis, aufgenommen. Als er seiner Mutter gestand, daß er im *Lokal*-Ressort arbeite, erwiderte diese: »Das schaut dir ähnlich – von an *Lokal* zum anderen!«
Der junge Mann hat dann irgendwann doch die Bäkkerei seiner Eltern übernommen.

Watschen für den Kritiker

Es gibt wohl keinen Berufsstand, dessen Verhältnis zur Kunst so großen Schwankungen ausgesetzt ist, wie der des Theaterkritikers. Heute geliebt (weil Lob verteilt), morgen gehaßt (weil getadelt). Das ist das Los des Kritikers.
Hermann Bahr, Wiens Kritikerpapst zur Jahrhundertwende, traf Franz Molnár bei der Premiere eines neuen Molnár-Stücks in den Kammerspielen. Vor Beginn der Vorstellung verabredeten sich die beiden Herren für nachher: Ist das Stück ein Erfolg, den es zu feiern gilt, werde man sich im Sacher treffen. Wird das Stück aber ein Mißerfolg, wolle man im Café Herrenhof zusammenkommen.

Es kam, wie es kommen mußte, beide Herren verbrachten den Abend in großer Einsamkeit: der Kritiker im Herrenhof, der Autor im Sacher.

*

Die berühmteste Kritiker-Geschichte der neueren Zeit haben wir Hans Weigel und Käthe Dorsch zu verdanken, die für den Theaterskandal des Jahres 1956 sorgten. Weigel befand sich auf dem Weg ins Café Raimund, als er beim Volksgarten der Schauspielerin in die Arme lief. Die Dorsch holte weit aus, verabreichte dem Kritiker zwei schallende Ohrfeigen, rief ihm noch »Dreckskerl« und »Dreckfink« zu und ging ihres Weges.
Weigels einschränkende Kritik zur Burgtheateraufführung einer Komödie mit der Dorsch war der Grund für die Gewaltanwendung, die einen Prozeß zur Folge hatte, im Zuge dessen der als Zeuge einvernommene Raoul Aslan mit angemessenem Pathos »die Todesstrafe für Hans Weigel« forderte. Verurteilt wurde dann aber Käthe Dorsch. Und zwar »zu einer Geldstrafe von S 500,–, im Nichteinbringungsfalle drei Tage Arrest«.

Wen interessiert schon »Der dritte Mann«?

Der spätere Fernseh- und Radioreporter Heinz Fischer-Karwin (»Aus Burg und Oper«, »Ihr Auftritt, bitte!«) wollte ursprünglich Schauspieler werden und stellte sich kurz nach Kriegsende – versehen mit einem

Empfehlungsschreiben – bei Burgtheaterdirektor Raoul Aslan vor. Der ihn mit den folgenden Worten abwimmelte: »Da Sie mir empfohlen wurden, besteht der begründete Verdacht, daß Sie begabt sind. Sollte sich dieser Verdacht durch ein Vorsprechen erhärten, müßte ich Sie engagieren. Leider habe ich dafür kein Geld, und daher möchte ich Sie erst gar nicht kennenlernen. Adieu!«

*

So wurde Fischer-Karwin Reporter in der damaligen Ravag. 1948, als Korrespondent in Paris tätig, berichtete er von der dortigen Premiere des in Wien gedrehten Films »Der dritte Mann«, bei der auch Anton Karas, der Zitherspieler und Komponist der sensationellen »Harry Lime«-Kennmelodie, anwesend war. Aus aller Welt kamen Berichterstatter an die Seine, um mit dem »neuen Schubert« (eine englische Zeitung über Karas) zu sprechen. Fischer-Karwin interviewte den Wiener Musiker für BBC und bot das Gespräch natürlich auch dem österreichischen Rundfunk an. Und erhielt aus dem Funkhaus in der Argentinierstraße die lapidare Mitteilung: »Zitherspieler haben wir in Wien mehr als genug. Finden Sie nichts Besseres?«

Und noch ein paar Wiener G'schichten

Die jetzt folgenden Wiener G'schichten passen weder zu den Schauspielern noch zu den sonstigen Film- und Theaterleuten, sie gehören auch nicht zu den Literaten, Musikern, Journalisten, Kabarettisten, Politikern, geschweige denn zum Kaiserhaus. Ich erzähl Ihnen zum Abschluß noch ein paar Anekdoten von berühmten Ärzten, Erfindern, Advokaten, Sportlern – und Schnorrern.

Sigmund Freud und der Bundeskanzler

Es war in den späten sechziger Jahren, als der unvergessene Terror- und Aggressionsforscher Dr. Friedrich Hacker in den ehemaligen Wohn- und Ordinationsräumen des »Vaters der Psychoanalyse« ein Sigmund-Freud-Museum errichtete. Der damalige Bundeskanzler, Dr. Josef Klaus, unterstützte das Projekt und ging auch auf Hackers Vorschlag ein, Freuds in London lebende Tochter Anna zur Eröffnung des Museums in die Wiener Berggasse einzuladen. Der Regierungschef ersuchte Hacker jedoch, den Einladungsbrief an Anna Freud aufzusetzen, da er selbst nicht recht wüßte, wie die berühmte Tochter eines noch berühmteren Vaters anzusprechen sei und mit welchen Worten eine solche Einladung zu erfolgen habe.

Professor Hacker, der Anna Freud gut kannte, tat wie gebeten, und der Kanzler unterzeichnete den Brief. Eine Woche später läutete Hackers Telefon, am Apparat war Anna Freud. »Stellen Sie sich vor, Dr. Hacker«, sagte sie, »ich habe einen Brief vom österreichischen Bundeskanzler erhalten, in dem er mich zur Eröffnung des Freud-Museums nach Wien einlädt. Ich komme natürlich gerne, habe aber eine Bitte an Sie: Könnten Sie so nett sein, für mich das Antwortschreiben aufzusetzen. Ich habe noch nie einem Bundeskanzler geschrieben und weiß nicht einmal, wie man so jemanden anredet.«

Hacker tat neuerlich wie gebeten; er antwortete seinem eigenen Einladungsschreiben, und Anna Freud unterzeichnete. Aus Einladung und Antwort entwickelte sich ein intensiver Briefverkehr zwischen Josef Klaus und Anna Freud. Wobei jedes einzelne Schreiben vom unermüdlichen Professor Hacker stammte. – Er korrespondierte praktisch mit sich selbst.

Eines der Bücher Sigmund Freuds trägt den Titel »Der Witz«. Hätte er diese Geschichte gekannt – die mir mein Freund Friedrich Hacker hinterlassen hat –, sie wäre mit Sicherheit darin vorgekommen.

Dr. Freud und der ehrliche Finder

Gerne erinnere ich mich des vor einigen Jahren verstorbenen Wiener Arztes Dr. Markus Wasser, der in den dreißiger Jahren noch die Vorlesungen Sigmund Freuds an der Universität Wien besucht hat. Einmal, so erzählte mir Dr. Wasser – der übrigens seine Privatkor-

respondenz mit »H_2O« unterzeichnete –, einmal also hätte Professor Freud seine Studenten bei einer Vorlesung zum Thema »Moral« mit folgender Hypothese überrascht: »Stellen Sie sich vor, meine Herren, Sie gehen über die Kärntner Straße und finden zehntausend Schilling. Ich garantiere Ihnen, daß Sie niemand beobachtet. Wenn Sie das Geld abgeben, erhalten Sie keinen Finderlohn. Wie entscheiden Sie sich?« fragte Freud und blickte dabei jedem einzelnen seiner Hörer tief in die Augen. »Gehen Sie mit dem Geld zur Polizei, oder behalten Sie's?«
Elf der im Hörsaal anwesenden Studenten faßten den Entschluß, den namhaften Betrag zu behalten. Nur ein einziger wollte zur Polizei. Freud schaute verschmitzt über seine Brillenränder hinweg und sagte dann zum ehrlichen Finder: »Ich gratuliere zu Ihrer Moral – Sie Trottel!«

Hanns Hörbiger sucht seinen Vater

Ingenieur Hanns Hörbiger hat uns mit seinen Söhnen Attila und Paul nicht nur zwei bedeutende Schauspieler hinterlassen, er ist durch zahlreiche Patente, Erfindungen und durch seine »Welteislehre« auch selbst eine bekannte Persönlichkeit gewesen. Hier eine kleine Episode, die ein Schlaglicht auf diesen außergewöhnlichen Mann wirft.
Hanns war 1860 als uneheliches Kind der Amalia Hör-

biger in Wien zur Welt gekommen. Von seinem Vater wußte er nur, daß er Leeb hieß und sich als Orgelschnitzer in der Kirche von Alt-Lerchenfeld in die Tochter des Orgelbauers Alois Hörbiger verliebt hatte. Diese erwartete bald einen Sohn, den sie Hanns nannte. Doch bei dessen Geburt war Herr Leeb schon über alle Berge.

Mit 18 entschloß sich Hanns Hörbiger, seinem Vater auf die Spur zu kommen. Er fand heraus, daß er mittlerweile in Frankreich lebte. Völlig mittellos, wie der junge Maturant nun einmal war, machte er sich von Wien aus auf den Weg nach Paris.

Und zwar zu Fuß!

Nach wochenlangem Marsch endlich in der Metropole an der Seine angekommen, fragte sich Hanns Hörbiger so lange durch, bis er herausgefunden hatte, in welchem Café ein Orgelschnitzer namens Leeb sein Frühstück einzunehmen pflegte. Er ging in dieses Lokal, fragte den Kellner nach der bewußten Person, schritt auf den Tisch zu und sagte zu seinem leiblichen Vater: »Pardon, Monsieur, ist an Ihrem Tisch noch ein Platz frei?«

Papa Leeb antwortete »Oui, Monsieur«, sein Sohn setzte sich. Dann las Leeb in seiner Zeitung weiter. Hanns beobachtete seinen Vater, nahm unterdessen eine Portion Kaffee zu sich und verabschiedete sich nach einer Viertelstunde. Dann ging's zurück nach Wien.

Wieder zu Fuß!

Bis auf die Frage nach der freien Sitzgelegenheit hat

Hanns Hörbiger sein Leben lang kein Wort mit seinem Vater gewechselt. Und Herr Leeb hat nie davon erfahren, daß er mit seinem Sohn an einem Tisch gesessen hat.

»Der Herzog hat a ka schlechte Hacken«

Auf der Suche nach Wiener G'schichten fiel mir das Buch meines Kollegen Michael Kuhn in die Hände, das er »Die schönste Nebensache der Welt oder Sportgeschichte in Anekdoten« genannt hat. Hier drei Wiener Kostproben daraus.

Neben Giganten wie Mathias Sindelar, Rudi Hiden, Anton Schall und Adolf Vogl gehörte in den dreißiger Jahren auch der Verteidiger Karl Sesta zu Österreichs legendärem »Wunderteam«. Beim Länderspiel in London im Jahre 1932 wurde Sesta dem Herzog von York – Englands späterem König Georg VI. – vorgestellt, der zum Austrianer sagte, daß er einen schönen Beruf habe. Worauf Sesta dem Dolmetscher zuflüsterte: »Sagen S' eahm, er hat a ka schlechte Hacken.«

*

Weit weniger populär als die damaligen Sportler war der große Zwölfton-Musiker Arnold Schönberg. Ein Bekannter, dem aufgefallen war, daß der Komponist von allen Buben, die ihm während eines Spaziergangs begegneten, ehrerbietig begrüßt wurde, konnte die Bemerkung nicht unterdrücken: »Ich hätte nicht gedacht, daß Sie bei der Jugend so bekannt sind.« – »Doch«, erwiderte Schönberg, »mein Sohn ist Mittelstürmer der Schulmannschaft.«

*

Als der Österreichische Fußballbund vor der WM '78 in Argentinien den Fußballstars verbieten wollte, in Tageszeitungen als Kolumnisten zu schreiben, erklärte Hans Krankl: »Macht nichts. Schreib ich halt unter einem Pseudonym.«

»Vielen Dank, Herr Rat!«

Dem Wiener Strafverteidiger Dr. Hugo Sperber, einem Original aus der Zwischenkriegszeit, hat Friedrich Torberg in der »Tante Jolesch« mit dessen »Werbeslogan« ein literarisches Denkmal gesetzt:

»Räuber, Mörder, Kindsverderber
Gehen nur zu Dr. Sperber«

Als eines Tages ein Gewohnheitsdieb in Sperbers Kanzlei kam, um den Advokaten um Rechtsbeistand zu bitten, ließ der Besucher – während Sperber in den Akten blätterte – eine auf dem Rauchtisch liegende Zigarettendose in seine Tasche gleiten.
»Lieber Freund«, sagte Dr. Sperber, dem das neueste

Delikt seines Klienten nicht entgangen war, »legen Sie die Tabatiere wieder zurück. Hier ist *mein* Arbeitszimmer und nicht das Ihre.«

*

In jenen Tagen war es auch, daß ein Bankier namens Reitzes im Wiener Landesgericht wegen betrügerischer Krida zu einer Gefängnisstrafe verurteilt wurde, die er in Österreichs größtem Gefängnis absitzen sollte. Karl Kraus glossierte diese Tatsache in der »Fackel« mit den Worten: »Die Strafanstalt Stein entbehrt nicht eines gewissen Reitzes!«

*

Was Dr. Sperber vor dem Krieg, war Dr. Michael Stern in der Zweiten Republik. In den fünfziger Jahren verteidigte »der alte Stern«, wie man ihn damals schon nannte, eine Hebamme, die der Abtreibung verdächtigt wurde. Obwohl viele Indizien gegen sie sprachen, gelang es dem Geschick des bewährten Anwalts tatsächlich, einen Freispruch zu erwirken. Nach der Urteilsverkündung erklärte die Frau dem Richter zum Entsetzen ihres Anwalts: »Vielen Dank, Herr Rat! Und ich werd's auch bestimmt nimmer machen!«

*

Dazu noch eine Geschichte, die man sich im Wiener »Landl« erzählt: Ein Rechtsanwalt telegrafierte seinem

Mandanten nach Abschluß des Prozesses: »Die gerechte Sache hat gesiegt.« Worauf dieser antwortete: »Sofort Berufung einlegen!«

*

Im Landesgericht mußte sich nach dem letzten Krieg auch ein Dachdeckergehilfe verantworten, weil er seinen Zugang zu Dachböden für größere Diebstouren mißbraucht hatte. Der Vorsitzende, auf der Suche nach einer Notlagesituation, die als mildernder Umstand gelten könnte, fragte nach dem Wochenverdienst des Angeklagten. Worauf dieser eine Summe nannte, die den Richter in Erstaunen setzte: »Aber das ist ja mehr als mein Monatsgehalt!«
»Natürlich, Herr Rat«, erwiderte der Angeklagte, »aber i arbeit ja auch was!«

G'schichten vom »Schnorrerkönig«

Das macht ihm so schnell keiner nach. Josef Waraschitz, von Freunden »Poldi« gerufen, wurde durch nichts anderes berühmt als durch die Tatsache, niemals selbst bezahlt zu haben. Wiens legendärer »Schnorrerkönig« ging sein Leben lang keiner geregelten Arbeit nach, verfügte auch nicht über eigenes Vermögen oder sonstige Einkünfte – er lebte vom Schnorren. Und zwar sehr gut.

Denn selbstverständlich waren seine Anzüge vom besten Schneider, waren die Krawatten aus feinster Seide, kamen seine Hemden und Schuhe aus den besten Salons. Bei Dreharbeiten in aller Welt war er gerngesehener Gast der Filmstars, die ihm Hotel und Flug sowie Verpflegung in den exquisitesten Restaurants finanzierten.

Als eines von 16 Kindern einer armen Bauernfamilie im niederösterreichischen Lassee geboren, hat er es verstanden, sich in die Herzen und Brieftaschen der internationalen Prominenz zu schmeicheln, die dem Wiener Original wiederum zusätzliche Publicity verdankte. So zählten Größen wie Liz Taylor, die Begum, Robert Stolz und Brigitte Bardot zu Poldis ständigen Gönnern.

Als Waraschitz sich einmal beim Schwimmen an der Côte d'Azur die Hand verletzte und vom Arzt nach seinem nächsten Angehörigen gefragt wurde, antwortete er geradezu wahrheitsgemäß: »Curd Jürgens!« Der dann auch prompt die Krankenhauskosten übernahm. Klar, daß seine berühmten Freunde auch für die Begräbniskosten erster Klasse aufkamen, als Waraschitz 1970 für immer von ihnen gegangen war. Denn der Ruf, der Welt bester Schnorrer zu sein, verpflichtete übers Poldis Grab hinaus.

Nachwort von Fritz Muliar

Wie schon im Vorwort angekündigt, war ich »zuerst einmal neugierig« auf den Rest des Buches. Und so habe ich die Wiener G'schichten, die ich vor meinen Berliner »Sibirien«-Proben nur so ein bissel durchblättern konnte, nach der Premiere sozusagen seriös gelesen, von der ersten bis zur letzten Seite, wie sich's gehört für jemanden, der ein Vor- respektive Nachwort (geschweige denn: beides) schreibt. Und da konnte ich das Buch dann gar nicht mehr weglegen. Nicht zu fassen, daß sich sogar im Kortner-Kapitel G'schichten finden, die ich noch nie gehört habe (wie herrlich etwa sein Satz: »Der Mensch ist keiner!«)

Kaum jemand, der mich kennt, wird ernsthaft annehmen, daß ich zu jenen Menschen gehöre, an denen Theater- und sonstige Anekdoten spurlos vorübergegangen sind. Ein paar hundert (oder tausend?) werden's schon gewesen sein, die man mir im Lauf der Jahrzehnte erzählt hat. Bessere und leider auch weniger gute.

Wem es also gelingt, mir eine Sammlung der wirklich besten vorzulegen, die ich – der lebenslängliche Anekdotenfreund – zu einem beträchtlichen Teil nicht kannte, der hat schon gewonnen.

Georg Markus hat gewonnen. Um das zu sagen, mußte ich jetzt auch noch ein Nachwort schreiben.

Register